10 Lições sobre
Paulo Freire

Dados Internacionais de Catalogação na Publicação (CIP)
(Câmara Brasileira do Livro, SP, Brasil)

Chacon, Daniel Ribeiro de Almeida
  10 lições sobre Paulo Freire / Daniel Ribeiro de Almeida Chacon. – Petrópolis, RJ : Vozes, 2023. – (Coleção 10 Lições)

  Bibliografia.

  2ª reimpressão, 2024.

  ISBN 978-65-5713-805-2

  1. Antropologia filosófica 2. Educação - Brasil
  3. Freire, Paulo, 1921-1997 4. Pedagogia - Brasil
I. Título. II. Série.

23-151309   CDD-370.1

Índices para catálogo sistemático:

1. Freire, Paulo : Pedagogia : Educação   370.1

Eliane de Freitas Leite – Bibliotecária – CRB 8/8415

10 Lições sobre
Paulo Freire

Petrópolis

© 2023, Editora Vozes Ltda.
Rua Frei Luís, 100
25689-900 Petrópolis, RJ
www.vozes.com.br
Brasil

Todos os direitos reservados. Nenhuma parte desta obra
poderá ser reproduzida ou transmitida por qualquer forma e/ou
quaisquer meios (eletrônico ou mecânico, incluindo fotocópia e
gravação) ou arquivada em qualquer sistema ou banco de dados
sem permissão escrita da editora.

CONSELHO EDITORIAL	**PRODUÇÃO EDITORIAL**
Diretor	Aline L.R. de Barros
Volney J. Berkenbrock	Marcelo Telles
	Mirela de Oliveira
Editores	Otaviano Cunha
Aline dos Santos Carneiro	Rafael de Oliveira
Edrian Josué Pasini	Samuel Rezende
Marilac Loraine Oleniki	Vanessa Luz
Welder Lancieri Marchini	Verônica M. Guedes
Conselheiros	**Conselho de projetos editoriais**
Elói Dionísio Piva	Isabelle Theodora R.S. Martins
Francisco Morás	Luísa Ramos M. Lorenzi
Gilberto Gonçalves Garcia	Natália França
Ludovico Garmus	Priscilla A.F. Alves
Teobaldo Heidemann	

Secretário executivo
Leonardo A.R.T. dos Santos

Revisão de originais: Hermes Pereira dos Santos
Editoração: Luciana Chagas
Diagramação: Sheilandre Desenv. Gráfico
Revisão gráfica: Ana Carolina Guimarães
Capa: Editora Vozes
Ilustração de capa: Studio Graph-it

ISBN 978-65-5713-805-2

Este livro foi composto e impresso pela Editora Vozes Ltda.

*Em homenagem à minha
maior referência pedagógica
e cristã:
Maria Eliane de Almeida,
minha mãe, meu amor eterno!*

Sumário

Introdução, 9
   Aline Choucair Vaz

Primeira lição – O jovem Freire, 13

Segunda lição – O "Método Paulo Freire": a experiência de Angicos, 33

Terceira lição – O "Método Paulo Freire": os pressupostos e as etapas fundamentais, 47

Quarta lição – O "Método Paulo Freire": a execução prática, 58

Quinta lição – Os novos contextos, 68

Sexta lição – A pedagogia do oprimido, 82

Sétima lição – A antropologia filosófica, 100

Oitava lição – A conscientização, 116

Nona lição – A pedagogia da autonomia, 129

Décima lição – A fé cristã e a libertação da classe oprimida, 141

Reflexão final, 155
   Miguel Arroyo

Bibliografia, 165

Introdução

É uma alegria partilhar da leitura desta obra *10 Lições sobre Paulo Freire* do professor, pesquisador e amigo Daniel Ribeiro de Almeida Chacon. Participamos juntos de grupo de pesquisa sobre Paulo Freire desde o ano de 2020 e também de projetos de pesquisa e extensão e, ainda, da escrita de textos sobre o referido autor, de grande importância para as Humanidades e para a educação em um contexto para além do brasileiro. O legado de Paulo Freire, de forma geral, é inquestionável. Patrono da educação brasileira, tem 29 títulos de doutor *honoris causa* por universidades da Europa e da América, bem como diversas outras menções e prêmios, como o Educação para a Paz, da Unesco, recebido em 1986. Além disso, foi indicado ao Prêmio Nobel da Paz no ano de 1993. De acordo com a ferramenta Google Scholar, Paulo Freire é o terceiro pensador mais citado do mundo em trabalhos acadêmicos na área das Humanidades.

Neste livro, Daniel Chacon introduz, de princípio, por meio de exímio trabalho de pesquisa, a indagação sobre quem é Paulo Freire. Apesar de Freire ser um relevante nome na área das Humanidades, muitas inverdades sobre ele foram disseminadas nos últimos anos no Brasil, em virtude de invectivas políticas oriundas da ideologia de extrema-direita. As redes sociais, movidas pelo investimento financeiro desses grupos políticos, injetaram falas e mentiras sobre Paulo Freire, prejudicando o entendimento de seu sistema educativo e também de sua biografia. Foi nesse cenário, por ocasião de celebração do centenário de seu nascimento, no ano de 2021, que inúmeras iniciativas foram tomadas no sentido de relembrar suas obras e seu próprio legado. Este livro, assim como outros na mesma perspectiva, se insere nessa dinâmica. Interessante observar que essa situação das chamadas *fake news* sobre Paulo Freire ganhou relevo no contexto político do Brasil desde as eleições presidenciais de 2018; no entanto, a legitimidade do autor fora do país, conforme se verifica em relatos e textos de pesquisadores(as) internacionais, continua inabalável.

Trazer, na primeira lição, Paulo Freire jovem, a partir de sua história de dificuldades financeiras e lutas, é de suma importância. Ao contrário do que muitas e muitos pensam, Freire enfrentou dificuldades sociais na sua história pessoal e nem por isso, segundo Daniel Chacon, se "condicionou a uma postura de fatalismo pessimista ou de ingênuo determinismo religioso". Nesse mister, é preciso compreender a sua vida a partir da sua experiência. Na segunda lição, a experiência em Angicos, no Rio Grande do Norte, é reveladora de um dos maiores marcos de alfabetização popular na história do século XX no Brasil. Daniel Chacon enuncia bem a diferença entre "Método Paulo Freire" e "Sistema Paulo Freire". Já na terceira lição, Chacon nos mostra os principais pressupostos e etapas fundamentais do "Método Paulo Freire", de forma bem didática, mas não menos complexa. A quarta lição é um desafio para pensar o "Método Paulo Freire" na prática. Como fazer e viver esse sistema educativo com sujeitos de experiências diferentes e, ao mesmo tempo, tão próximas, inseridos em uma realidade social excludente? A quinta lição nos convida a pensar o exílio de Paulo Freire e o período de ditadura civil-militar no Brasil a partir de 1964. Mesmo que, por imposição, Freire estivesse fora do país, destinou parte de sua história a escrever e pensar seu sistema educativo, com experiência em vários lugares do mundo nesse período. A lição seguinte apresenta seu livro mais famoso, *Pedagogia do oprimido*, que, segundo o teólogo Leonardo Boff, "é mais que um livro, é antes uma prática pedagógica", conforme bem lembra Daniel Chacon. Na sétima lição, o pesquisador se debruça sobre a antropologia filosófica freiriana para, logo a seguir, na oitava lição, apresentar um dos mais emblemáticos conceitos analisados por Freire, que é justamente o de conscientização, associado à *práxis*. Na nona lição, a *Pedagogia da autonomia* ganha centralidade como uma das obras de Freire mais conhecidas, a qual destaca os "aspectos diversos do compromisso docente". A décima e última lição apresentada no livro, e não menos importante, diz da influência da fé cristã no pensamento freiriano e de como essa dimensão religiosa é pensada para a libertação da classe oprimida. Freire é influenciado por uma teologia cristã de caráter libertador que tenta erradicar a desigualdade social. A compreensão dessa vertente em seu pensamento se faz essencial para a compreensão de suas obras.

Desse modo, nestas 10 lições sobre a vida de Paulo Freire e o seu pensamento, a leitora e o leitor vão se apercebendo da relevância desse autor para a história da educação brasileira e também para o pensamento social e educativo atual. Mesmo sendo um homem do século XX, em sua obra, Freire aponta também para os dilemas da sociedade atual e nos indica vários caminhos a interrogar e a seguir. Parabéns, amigo Daniel Chacon, pelo trabalho de pesquisa e empenho que se concretiza neste belíssimo livro, para cuja leitura convidamos todas e todos!

Aline Choucair Vaz
Belo Horizonte, 29 de novembro de 2022

Primeira lição

O jovem Freire[1]

É aí que se encontram as mais remotas razões da minha radicalidade.
Paulo Freire

Paulo Reglus Neves Freire nasceu em Recife (PE), no dia 19 de setembro de 1921. Foi o quarto e último filho do casal Joaquim Themístocles Freire, oficial da Polícia Militar de Pernambuco, e Edeltrudes Neves Freire (Dona Tudinha), dedicada às ocupações domésticas (cf. FREIRE, A. M. A., 2017b, p. 41).

---

1. Nesta primeira lição, pretendemos esboçar algumas considerações históricas, enfatizando elementos importantes da formação pessoal e educacional e, também, das raízes mais profundas da preocupação social de Paulo Freire, ainda em sua juventude. Ademais, para um aprofundamento ulterior da biografia do patrono da Educação brasileira, sugerimos, inicialmente, dois escritos que serviram de referência e inspiração para a feitura desta lição: i) *Cartas a Cristina*: reflexões sobre minha vida e práxis (FREIRE, P., 2019); e ii) *Paulo Freire*: uma história de vida (FREIRE, A. M. A., 2017a).

A presença de seus pais, especialmente de Dona Tudinha, foi primordial na formação humana e pedagógica de Paulo Freire. As memórias da infância vivida, ainda que longínquas, eram, segundo ele próprio, referências de um contínuo aprendizado: "quanto mais me volto sobre a infância distante, tanto mais descubro que tenho sempre algo a aprender dela. Dela e da adolescência difícil" (FREIRE, P., 2019, p. 41). Os primeiros contatos de Freire com a *leitura das palavras* se deram, justamente, com os seus pais, que, à sombra das mangueiras do quintal de sua casa, lhe ensinavam as primeiras palavras e frases, em um simples exercício de escrita no chão, com os gravetos que caíam das árvores[2]:

> Com eles aprendi a ler minhas primeiras palavras escrevendo-as no chão, com gravetos, à sombra das mangueiras. Palavras e frases ligadas à minha experiência e não à deles. Em lugar de uma enfadonha cartilha ou, o que seria

---

2. Sobre os aprendizados à sombra das mangueiras, Freire (2019, p. 82) nos diz de memórias vívidas que vão, inclusive, além do exercício de escrita das palavras: "foi de meu pai que escutamos, pela primeira vez, críticas à separação entre trabalho manual e trabalho intelectual. Foi também nas conversas informais com ele, à sombra das árvores que estávamos deixando naquela manhã, que tive as primeiras informações sobre a política brasileira de então".

> pior, de uma "Carta do ABC", em que as crianças tinham de decorar as letras do alfabeto, como se aprendessem a falar dizendo letras, tive o quintal mesmo da minha casa – o meu primeiro mundo – como minha primeira escola. O chão protegido pela copa das árvores foi o meu *sui generis* quadro-negro e os gravetos, meus gizes. Assim, quando, aos seis anos, cheguei à escolinha de Eunice, minha primeira professora profissional, já lia e já escrevia (FREIRE, P., 2019, p. 62-63).

No entanto, apesar das boas e doces recordações da infância, Freire também nos fala das amarguras e dos sofrimentos de sua juventude. No ano de 1932, em razão das severas dificuldades financeiras que sua família atravessava[3], ele deixou seu primeiro mundo, sua casa em Recife. O "exílio" em Jaboatão, cidade situada a 18 quilômetros da capital pernambucana, foi experimentado por Freire com "sabor de dor" (FREIRE, A. M. A., 2017b, p. 53). O cerco da pobreza se intensificara cruelmente. Seu pai,

---

3. A crise econômica de 1929 foi um dos problemas fundamentais que afetou profundamente a família de Paulo Freire (cf. FREIRE, P., 2016a, p. 38).

capitão reformado[4], recebia parcos proventos, e os esforços que dedicava à ampliação da renda familiar, através das aventuras na marcenaria, mostraram-se pouco rentáveis, quiçá causando ainda maiores prejuízos financeiros.

As desventuras vividas por Freire nos primeiros anos em Jaboatão foram bem mais intensas e angustiantes em razão da fatídica morte de seu pai em 1934. Assim, aos 13 anos, ele "sentiu o sofrimento ao ver sua mãe, precocemente viúva aos 42 anos de idade, humilhada na pobreza e na luta para sustentar a si e aos seus quatro filhos" (FREIRE, A. M. A., 2017b, p. 53).

No período ali vivido, o jovem Freire conviveu com a dor da fome e, assim, aprendeu a fazer algumas incursões nas geografias dos quintais alheios para saciá-la:

> [...] o real problema que nos afligiu durante grande parte de minha infância e adolescência – [foi] o da fome. Fome real, concreta sem data marcada para partir, mesmo que não tão rigorosa e agressiva quanto outras fomes que conhecia. [...] A nossa foi chegando sem pedir licença, a que se

---

4. Reformado em razão de um grave problema de dilatação da veia aorta, que, posteriormente, seria também a causa do seu óbito (cf. FREIRE, P., 2019, p. 77).

> instala e vai ficando sem tempo para se despedir. Fome que, se não amenizada, como foi a nossa, vai tomando o corpo da gente, fazendo dele, às vezes, uma escultura arestosa, angulosa. Vai afinando as pernas, os braços, os dedos. Vai escavando as órbitas em que quase se perdem os olhos, como era a fome mais dura de muitos companheiros nossos e continua sendo a fome de milhões de brasileiros e brasileiras que dela morrem anualmente (FREIRE, P., 2019, p. 44).

> Como aprender, porém, se a única geografia possível era a geografia de minha fome? A geografia dos quintais alheios, das fruteiras – mangueiras, jaqueiras, cajueiros, pitangueiras – geografia que Temístocles – meu irmão imediatamente mais velho do que eu – e eu sabíamos, aquela sim, de cor, palmo a palmo. Conhecíamos os seus segredos e na memória tínhamos os caminhos fáceis que nos levavam às fruteiras melhores (FREIRE, P., 2019, p. 49).

Na obra *Cartas a Cristina*, Paulo Freire narra os infortúnios do "exílio"; a decadência social de sua família, antes de classe média, mas que agora lutava contra a fome e que, concomitantemente, realizava um enorme esforço para conservar o prestígio social e a aparência de dignidade. Ora, é interessante destacar que, nas memórias de Freire, dois objetos são citados por se constituírem como símbolos significativos desse esforço familiar, quais sejam, a gravata de seu pai e o piano de sua tia:

> O piano de Lourdes e a gravata de meu pai acidentalizavam a nossa fome. Com eles, poderíamos nos endividar, mesmo com dificuldades: sem eles, uma tal hipótese seria quase impossível. Com eles, se descobertos, nossos furtos seriam vistos como puras trelas. No máximo, seriam como razão de desgosto para nossos pais. Sem eles, os nossos furtos teriam sido delinquência infantil. O piano de Lourdes e a gravata de meu pai faziam o mesmo jogo de classe que os jacarandás e as louças de alto requinte fazem ainda hoje no Nordeste brasileiro entre os aristocratas decadentes. Talvez hoje com menor eficácia do que tiveram nos anos 30 a gravata de meu pai e o piano de Lourdes (2019, p. 53).

Ainda em uma de suas cartas a Cristina, Freire acolhe uma memória muito pujante da sua juventude, mais precisamente do dissabor de um dilema ético vivido nesse cenário de fome. Em uma certa manhã de domingo, uma galinha que pertencia ao vizinho encontrava-se perdida no quintal da família. Em meio às dores da escassez, surge um dilema sobre o que fazer: devolver o animal ou prepará-lo para servir de almoço e, desse modo, superar, ainda que momentaneamente, o sofrimento causado pela fome. "Venceu o bom-senso" (FREIRE, P., 2019, p. 55), comenta Freire, apesar de reconhecer também o enorme conflito moral de sua mãe, uma fervorosa cristã católica (cf. FREIRE, P., 2019, p. 55).

> O nosso almoço, horas depois, naquele domingo, decorreu num tempo sem palavras. É possível que sentíssemos um certo gosto de remorso entre os temperos que condimentavam a galinha pedrês do nosso vizinho. Ali, sobre os pratos, aguçando a nossa fome, ela deve ter sido, também, para nós, uma "presença acusadora" do que nos teria parecido um pecado ou um delito contra a propriedade privada. No dia seguinte, ao perceber o desfalque em seu galinheiro, o nosso vizinho deve haver esbravejado contra o ladrão que, para ele, só poderia ter sido uma "gentinha qualquer", um "ladrão de galinhas". Jamais poderia haver pensado que perto, muito perto dele, estavam os autores daquele sumiço. O piano de Lourdes e a gravata do meu pai incompatibilizavam tal conjectura (FREIRE, P., 2019, p. 56).

Embora o jovem Freire tenha experimentado, pois, a trágica dor causada pela fome, sua postura diante do mundo não foi de mera acomodação e ajustamento, de aceitação passiva das estruturas histórico-sociais que originaram e mantêm a contradição opressor(a)-oprimido(a). Desde a juventude, a contestação da realidade de opressão e miséria esteve presente nas inquietações de Freire, que assim nos conta: "em tenra idade, já pensava que o mundo teria que ser mudado. Que havia algo errado no mundo que não podia e não devia continuar" (FREIRE, P., 2019, p. 41).

A experiência de carência e privação não o condicionou a uma postura de fatalismo pessimista ou de ingênuo determinismo religioso que, equivocadamente, atribuiria à divindade a origem última das desigualdades sociais e da desumanização de outrem, em uma espécie de decreto eterno, instituinte de uma série de privilégios e benesses sociais e econômicas para alguns(algumas) eleitos(as), e de penitência e desamparo para os(as) demais.

Ora, ainda que os efeitos deletérios da sociedade dividida em classes tenham constituído profundas marcas no jovem Freire, permanece verdadeiro que sua postura decisória diante do mundo não foi outra senão de esperança crítica que se efetiva na luta histórica e social. As distrações causadas pelas aflições da pobreza não foram suficientes para sepultar as radicais indagações de Freire nem sua abertura curiosa diante da realidade, ainda que, frequentemente, ele mesmo não dispusesse de condições físicas e materiais para resistir aos ardis da fome: "às vezes, me fazia dormir, debruçado sobre a mesa que estudava, como se estivesse narcotizado" (FREIRE, P., 2019, p. 44)[5].

Do contrário, as dificuldades enfrentadas na mocidade contribuíram para a formação de seu caráter e para o desenvolvimento de suas preocupações com a justiça social. Ora, os sofrimentos vividos e experienciados em sua própria carne, além da observação de carências ainda maiores que as suas, por exemplo entre camponeses(as) e esfarrapados(as) da região, constituíram-se, portanto, como as raízes mais pro-

---

5. No referido excerto, acrescenta Freire: "e quando, reagindo ao sono que me tentava dominar, escancarava os olhos que fixavam com dificuldade sobre o texto de história ou de ciências naturais – 'lições' da minha escola primária –, as palavras eram como se fossem pedaços de comida".

fundas de sua radicalidade política[6], raízes essas que lhe deram alicerce ao longo da juventude[7].

No entanto, cumpre destacar, nas palavras de sua última esposa, Ana Maria Araújo Freire, que

> [...] lá [na cidade de Jaboatão] não viveu somente dores e privações. Lá conheceu o prazer de conviver com os amigos e conhecidos que foram solidários naqueles tempos difíceis. [...] Cresceu sem rancor, sem lamuriar-se, sem deixar que o menino-empobrecido prevalecesse sobre o menino-que-se-fazia-feliz (FREIRE, A. M. A., 2017b, p. 44).

A mudança da cidade do Recife para Jaboatão significou também a ampliação de seu próprio mundo, dos limites estreitos do seu antigo quintal para a exploração dos caminhos dos rios da cidade, que agora constituía sua nova mo-

---

6. "Graças à pobreza, aprendi, através da experiência, o que queria dizer classe social" (FREIRE, P.; SHOR, 1987, p. 40).

7. Ressaltamos, contudo, os perigos da romantização das experiências de pobreza, fome e miséria. Essas condições sociais desumanizadoras são distorções históricas lastimáveis que precisam ser combatidas e definitivamente superadas, conforme aponta o próprio legado crítico freiriano. Nossa ênfase aqui repousa, pois, única e exclusivamente nas constatações das dores vividas por Freire e do impacto de tais dores na constituição de sua luta contra uma sociedade dividida em classes e, por conseguinte, opressora e violenta.

rada. Surge o convívio com novas paisagens e com as incontáveis possibilidades de descobertas fascinantes: o banhar-se alegremente no rio Duas Unas ou no rio Jaboatão, a observação dos diversos peixes e pássaros da região, das árvores frondosas ali presentes, além da eclosão dos desejos da sexualidade, que ganharam forma diante da "possibilidade de ver um ou mais corpos desnudos de mulher banhando-se naturalmente" (FREIRE, P., 2019, p. 95) na beira dos rios.

As descobertas realizadas nas explorações da geografia da região, as amizades facilmente conquistadas e as partidas de futebol em campos improvisados foram experiências alegres, as quais permearam as memórias afetivas de Freire (cf. FREIRE, P., 2019, p. 94-96). Não obstante as aventuras vivenciadas e as bonitezas contempladas, outras memórias o marcaram profundamente, especialmente as de "um mundo também em que a exploração e a miséria dos camponeses iam se revelando a nós em seu dramático realismo. É aí que se encontram as mais remotas razões da minha radicalidade" (FREIRE, P., 2019, p. 115).

Das conversas entre amigos, nosso autor destaca as histórias de assombração, da alma do perverso chefe de eito, que se lamuriava, bradando em imensa agonia em razão de sua malvadeza em vida. Narrativas populares que Freire interpretou como uma espécie de compreensão popular das contradições opressor(a)-oprimido(a). Narrativas essas sobre a realidade vivida, descrevendo um horizonte de justiça punitiva para os(as) opressores(as). Com efeito, o sofrimento do(a) vil opressor(a) no além da vida seria, conforme Freire, uma espécie de resposta à impunidade no aquém, na vida ordinária (cf. 2019, p. 96-97).

Paulo Freire realiza, desse modo, uma leitura política das narrativas culturais que marcam sua mocidade, multiformes no imaginário popular, de diferentes épocas e das mais distintas culturas e regiões brasileiras, que, contudo, manifestam um mesmo e complexo drama social. Logo, há que se destacar devidamente as nuanças da interpretação deveras provocativa, realizada pelo nosso autor, pois, a partir de suas próprias palavras:

> É possível que algumas das histórias mal-assombradas que ouvi na meninice, mais as que ouvi em Jaboatão do que as que ouvi no Recife, não apenas de almas de cruéis feitores pagando por sua fereza, mas também de almas de negros velhos abençoando os mansos e pacientes, tivessem operado em mim, sem que o soubesse, no sentido de minha compreensão da luta na história. Do direito e do dever de brigar que devem impor-se a si mesmos os

oprimidos para a superação da opressão. O ideal é quando a mobilização, a organização, a luta dos oprimidos começam a mudar a qualidade de sua cultura e da história e os mal-assombrados passam a ser substituídos pela presença viva dos oprimidos, das classes populares na transformação do mundo. O ideal é quando, exercendo o seu direito de crer em Deus, em sua bondade, em sua justiça, em sua presença na história, os oprimidos, como classe e como indivíduos, tomando a história nas mãos, reconheçam que fazê-la e por ela ser feitos é tarefa de mulheres e de homens, é problema seu. O ideal está em punir os perversos, os matadores de lideranças populares, de camponeses e dos povos da floresta, aqui e agora. Puni-los na história, eficazmente, com justiça. O ideal está em quando, superando a nossa fraqueza e a nossa impotência, não precisemos mais de nos contentar com a punição das almas dos injustos, "fazendo-as" vagar com soluços penitentes. Precisamente porque é o corpo consciente, vivo, dos cruéis que precisa soluçar, punidos na cadeia, na sociedade que se reinventa para humanizar-se. (FREIRE, P., 2019, p. 97-98).

Não obstante a validade dos aspectos críticos dessa interpretação sociopolítica que, por sinal, nos dão muito a pensar, todavia nos interessa destacar de modo específico nesta lição outros elementos importantes da formação do jovem Freire. Assim, seu percurso escolar no Colégio Oswaldo Cruz consiste em um aspecto digno de nota. Conforme Freire, o referido colégio era, em sua época de estudante, um dos mais célebres centros de ensino da cidade do Recife (cf. 2019, p. 109). Nessa prestigiosa escola, Dona Tudinha havia "conseguido a matrícula gratuita para meus estudos secundários" (2019, p. 109), informa-nos ele mesmo[8].

O Colégio Oswaldo Cruz não apenas proporcionou as condições de continuidade e

---

8. Em razão dos problemas socioeconômicos enfrentados pela família, Paulo Freire precisou adiar seus estudos. Segundo ele: "queria muito estudar, mas não podia porque nossa condição econômica não o permitia. Tentava ler ou prestar atenção na sala de aula, mas não entendia nada, porque a fome era grande. Não é que eu fosse burro. Não era falta de interesse. Minha condição social não permitia que eu tivesse uma educação. A experiência me ensinou, mais uma vez, a relação entre classe social e conhecimento. [...] À medida que comia melhor, comecei a compreender melhor o que lia" (FREIRE, P.; SHOR, 1987, p. 40). Apenas com a conquista dessa bolsa de estudos do Colégio Oswaldo Cruz pôde retomar seu percurso escolar, numa idade mais avançada em relação a seus(suas) demais colegas de turma. Segundo Moacir Gadotti, o jovem Freire "tinha medo de fazer perguntas em sala de aula, porque, sendo mais velho que os colegas, sentia-se na obrigação de formular questões inteligentes e mais rigorosas que os demais" (GADOTTI, 1991, p. 21).

aprofundamento dos estudos, como também contribuiu para o desenvolvimento de sua paixão pela língua portuguesa[9] e, sobretudo, pela própria prática docente, uma vez que, nessa mesma instituição, vivenciou, posteriormente, suas primeiras experiências como educador[10]. Nesse afã, atuou como auxiliar de disciplina por dois anos; após esse período, dedicou-se ao ofício de professor de língua portuguesa (cf. FREIRE, A. M. A., 2017c, p. 67).

Como estudante no Colégio Oswaldo Cruz, os problemas da carência e privação, que marcaram alguns de seus anos anteriores, permaneciam como uma presença fortemente desconcer-

---

9. "Na verdade, minha paixão nunca se concentrou na gramática pela gramática, daí que não tenha jamais corrido o risco de resvalar para o desgosto da gramatiquice. Minha paixão se moveu sempre na direção dos mistérios da linguagem, na busca, se bem que não angustiada, inquieta, do momento de sua boniteza" (FREIRE, P., 2019, p. 130).

10. "Antes de mais nada, devo dizer que ser um professor tornou-se uma realidade, para mim, depois que comecei a lecionar. Tornou-se uma vocação, para mim, depois que comecei a fazê-la. Comecei a dar aulas muito jovem, é claro, para conseguir dinheiro, um meio de vida, mas quando comecei a lecionar, criei dentro de mim a vocação para ser um professor. Eu ensinava gramática portuguesa, mas comecei a amar a beleza da linguagem. [...] Ensinando, descobri que era capaz de ensinar e que gostava muito disso. Comecei a sonhar cada vez mais em ser um professor. Aprendi como ensinar, na medida em que mais amava ensinar e mais estudava a respeito" (FREIRE, P.; SHOR, 1987, p. 38).

tante. Pobre, magro e desengonçado, sentia-se feio e inibido. Uma desconfortável e reiterada dor de dente o assaltava nessa ocasião, agravada ainda mais pela falta de condições financeiras para um tratamento adequado. Quanto às consequências disso, Freire relata: "a minha inibição crescia e tomava novas formas com a deterioração de um ou outro dente. Mudava forçadamente a maneira de rir e alterava assim a minha própria expressão" (2019, p. 108).

A real melhoria nas condições socioeconômicas da família ocorreu, no entanto, à medida que começaram a trabalhar, inicialmente, seus irmãos e sua irmã e, depois, também ele mesmo. Em *Cartas a Cristina*, Paulo Freire, expressando muita amorosidade e gratidão, reconhece os esforços de seus familiares que, "com seu trabalho, com sua dedicação, me deram uma ajuda inestimável para que eu pudesse, um dia, fazer as coisas que tenho feito com a colaboração de muitos" (2019, p. 125).

Na década de 1940[11], Paulo Freire ingressou na Faculdade de Direito do Recife[12]. Concluído o

---

11. Aqui se faz necessário destacar uma importante informação histórica do compromisso político e social freiriano ainda na juventude. Sua principal biógrafa nos relata que, durante esse período, Freire participou das lutas pela "democratização do Brasil", opondo-se, desse modo, à ditadura do Estado Novo, instituída por Getúlio Vargas" (FREIRE, A. M. A., 2017b, p. 64).

12. De acordo com Ana Maria Araújo Freire, "à época não havia em Pernambuco curso superior de formação de professor

curso de Direito, seu exercício da advocacia foi pontual. A única experiência vivenciada na área ocorreu ao final de sua graduação e foi por ele narrada em *Pedagogia da esperança*. Na posição de advogado de determinado credor, viu-se obrigado a cobrar um jovem dentista que, por infortúnio, não poderia honrar oportunamente seus compromissos financeiros – por conta disso, tal rapaz recorreu a seus escassos bens para quitar uma dívida, contraída em virtude do desejo de possuir o próprio consultório. Essa situação levou Freire a abreviar a carreira sem sequer tê-la desenvolvido de fato. Ora, com o abandono do caso, Paulo Freire propiciou ao jovem dentista um fôlego maior para quitar aquelas dívidas (cf. FREIRE, P., 2016b, p. 22-25).

Ainda estudante de Direito, casou-se com Elza Maia Costa de Oliveira, professora primária de forte presença e singular relevância na constituição do ideário crítico freiriano[13]. O casal viveu

---

para o curso secundário, que apenas se esboçava na capital do país, o Rio de Janeiro, o centro das decisões políticas educacionais do Brasil. Assim, todos e todas que optavam por profissionalizar-se na área das ciências humanas escolhiam essa Faculdade, e Paulo não foi exceção" (2017b, p. 63-64).

13. Segundo Moacir Gadotti, "foi Elza quem [...] estimulou [Freire] a se dedicar aos estudos, de forma sistemática, chegando até mesmo a colaborar no método que o tornou conhecido" (1991, p. 22).

junto por cerca de quarenta e dois anos e constituiu uma família com três filhas e dois filhos.

Nos anos que se seguiram, Freire dedicou-se profundamente à reflexão e à ação na área da educação, especialmente a de adultos(as) socialmente excluídos(as)[14]. Foi, portanto, durante os oito anos de atividades laborais no setor de Educação e Cultura do Serviço Social da Indústria (Sesi-PE) que Paulo Freire realizou suas primeiras aproximações dialógico-pedagógicas com a classe trabalhadora (cf. GADOTTI, 1991, p. 24). Nesse ínterim, aprendeu a valorizar o universo cultural da classe oprimida, a linguagem, os valores e a leitura de mundo de trabalhadores e trabalhadoras. Ademais, aprendeu uma cara lição, a saber, a pensar continuamente sua própria prática (cf. GADOTTI, 1991).

---

14. Além das experiências profissionais no Sesi-PE, torna-se igualmente importante mencionar as atividades no âmbito da educação popular desenvolvidas por Freire nos primeiros anos de sua carreira, ainda na cidade do Recife. Destacamos, assim, seus esforços no Instituto Capibaribe; no Serviço Social da Paróquia do Arraial; no Conselho Consultivo de Educação Municipal; na Divisão de Cultura e Recreação; na Escolinha de Arte do Recife; no Conselho Estadual de Educação de Pernambuco; e, por fim, referimo-nos, aqui, também, à sua primeira experiência docente em nível superior, realizada na Escola de Serviço Social (posteriormente anexada à Universidade do Recife). Ana Maria Araújo Freire detalha essas atividades (ver 2017b, p. 70-109).

Outra vivência marcante relatada pelo próprio Freire foi sua participação no Movimento de Cultura Popular (MCP) durante a primeira metade da década de 1960. Nesse movimento, atuou em prol da preservação do universo cultural popular, isto é, "das festas do povo, dos enredos de suas tramas, de suas figuras lendárias, da singeleza de sua religiosidade, em cujo corpo encontramos não apenas a expressão acomodada dos oprimidos, mas também sua resistência possível" (FREIRE, P., 2019, p. 186)[15]. A cultura popular foi, assim, compreendida e assumida em seu papel crucial na luta de libertação da classe oprimida[16]. Com efeito, a preocupação última dos(as) envolvidos(as) no MCP se dava, portanto, em torno das profundas injustiças que permeavam a sociedade brasileira. Nesse cenário, destacam-se "o empenho com que nos entregávamos à luta democrática em defesa dos direitos humanos e a nossa confiança numa educação progressista", afiança-nos Freire (2019, p. 185).

---

15. Nesse contexto, inclusive, foram criados os Círculos de Cultura, posteriormente adaptados nas práticas do Sistema de Alfabetização de Paulo Freire (cf. GADOTTI, 1991, p. 33).

16. Décadas após sua participação no MCP, Freire reflete sobre suas experiências e afirma: "no fundo, estávamos, sem o saber, nas pistas de Gramsci e de Amílcar Cabral, no que diz respeito à sua compreensão dialética da cultura, do seu papel na luta de libertação dos oprimidos" (FREIRE, P., 2019, p. 185).

Em resumo, nossa lição encontra aqui seu termo com a menção à tese *Educação e atualidade brasileira*, defendida por Paulo Freire no ano de 1959, como exigência do concurso para a cadeira de História e Filosofia da Educação da Escola de Belas Artes da Universidade do Recife[17], e que lhe rendeu, pois, o título de doutor e, posteriormente, a diplomação como livre-docente. Todavia, por não ter sido aprovado em primeiro lugar no concurso, Freire não assumiu em definitivo a referida cátedra[18]. Sua nomeação, porém, ocorreu para o cargo de professor de Ensino Superior da cadeira de História e Filosofia da Educação da Faculdade de Filosofia, Ciências e Letras da Universidade do Recife (cf. FREIRE, A. M. A., 2017b, p. 92-93).

Nessa universidade, Paulo Freire foi um dos fundadores do Serviço de Extensão Cultural, a partir do qual elaborou as primeiras ações e estudos sobre o sistema de alfabetização de adultos que se tornaria mundialmente conhecido e respeitado após a experiência educativa na cidade de Angicos, no Rio Grande do Norte[19].

---

17. Atual Universidade Federal de Pernambuco (UFPE).

18. Paulo Freire foi, porém, professor interino nessa cadeira de 15 de março de 1952 a 3 de março de 1961 (cf. FREIRE, A. M. A., 2017b, p. 92).

19. A partir das práticas desenvolvidas no Serviço de Extensão Cultural, Paulo Freire publicou, em 1958, seu primeiro artigo,

Segunda lição

O "Método Paulo Freire": a experiência de Angicos

> *Quer dizer, o que eu buscava,*
> *já naquela época, nos*
> *anos 50, era uma crítica à*
> *educação brasileira.*
>
> Paulo Freire

Nossa intenção, com a presente lição, é realizar uma primeira aproximação ao "Método Paulo Freire", destacando duas questões: i) o sentido de método e/ou sistema aplicado às práticas freirianas de alfabetização; e ii) o contexto de seu desenvolvimento; mais especificamente, uma breve apresentação da prestigiada experiência de alfabetização de adultos(as) na cidade de Angicos no início da década de 1960.

Ora, "método" se interpreta academicamente em uma perspectiva que designa um determinado

---

assim intitulado: "A educação de adultos e as populações marginais: o problema dos mocambos" (cf. GADOTTI, 1991, p. 26).

caminho de pesquisa. Assim, o termo carrega a conotação de uma prática rigorosa, direcionada por uma lógica de aplicação formal com especificidades bem delimitadas. Não obstante, é importante compreender que, se se concebe a noção de método em um sentido muito engessado, romantizado e/ou popularesco, isto é, como uma espécie de técnica inexorável, atemporal e infalível para o sucesso pedagógico, haverá uma subversão inevitável da proposta freiriana.

Assumindo esse ponto, convém destacar que Freire definitivamente não se ocupou de pensar uma técnica capaz de abarcar todos os dilemas e desafios da alfabetização. Sua proposta pedagógica não se limita, pois, ao desenvolvimento de uma determinada metodologia; antes, essa proposta prática consiste apenas em um desdobramento, dentre outros, de sua perspectiva pedagógica e de sua crítica social, tão somente uma dimensão da teoria freiriana, configurando-se, assim, como uma abordagem complexa e sempre contextual, ou seja, um método aberto dialogicamente a mudanças e transformações, a depender sempre da realidade histórica e social.

O pensamento freiriano, portanto, não poderá jamais ser reduzido a mera proposta metodológica[20]. Ora, em uma entrevista publicada no

---

20. Ademais, nosso autor reconhecia não apenas os limites das abordagens metodológicas, mas da própria área da educação

documentário intitulado *Paulo Freire Contemporâneo*, nosso autor se pronuncia com veemência:

> Durante muito tempo, muita gente pensou em mim, ou falou em mim, como se eu fosse um especialista em métodos e técnicas de alfabetização de adultos. Não é que eu ache que ser um especialista em alfabetização de adultos é uma coisa inferior. De jeito nenhum! Eu acho uma coisa de uma importância enorme. Mas só que a minha... a minha preocupação desde o começo era um pouco... um pouco mais gulosa do que essa. Quer dizer, o que eu buscava, já naquela época, nos anos 50, era uma crítica à educação brasileira[21].

Na perspectiva do autor, a dimensão metodológica de suas práticas não se constitui, portanto, o ponto central de sua proposta. A pedagogia freiriana está inserida em uma abordagem mais filo-

---

em si. Conforme ele, "os educadores progressistas sabem muito bem que a educação não é a alavanca da transformação da sociedade, mas sabem também o papel que ela tem neste processo. A eficácia da educação está em seus limites. Se ela tudo pudesse, ou nada pudesse, não haveria por que falar de seus limites. Falamos deles precisamente porque, não podendo tudo, podem alguma coisa" (FREIRE, P., 2018, p. 206-207).

21. Esse excerto consiste em transcrição nossa de uma entrevista de Paulo Freire reproduzida no referido documentário (ver PAULO..., 2007). Com efeito, a citação apresenta características próprias da oralidade.

sófica da realidade social e educacional do que particularmente em uma lógica de constituição metodológica e técnica dos processos educativos. Nesse sentido, Feitosa explicita que "o próprio Paulo Freire entendia tratar-se muito mais de uma Teoria do Conhecimento do que de uma metodologia de ensino, muito mais um método de aprender que um método de ensinar" (1999, p. 2).

Todavia, a expressão "Método Paulo Freire" ainda hoje se utiliza amplamente, tanto nos meandros acadêmicos quanto nos populares, para designar as práticas de alfabetização de adultos(as) desenvolvidas pelo autor. Em face do caráter universalizado da expressão e, especialmente, por estar envolta por contornos de uma significação de certo modo cristalizada, que diz de uma educação progressista, democrática, dialógica, humanista e radicalmente crítica, optamos aqui por mantê-la, embora com ressalvas.

Dessarte, o "Método Paulo Freire" é designado alternativamente como Sistema Paulo Freire, uma vez que o termo "sistema" nos remete a um horizonte de maior amplitude e complexidade. Isso posto, Carlos Rodrigues Brandão entende o Método como matriz de um grandioso sistema educacional:

> Assim, o método foi a matriz construída e testada de um sistema de educação do homem do povo (e de todas as pessoas, por extensão) que imaginou poder inverter a direção e as regras da educação tradicional, para que os seus sujeitos, conscientes, participantes, fossem parte do trabalho de mudarem as suas vidas e a sociedade que, pelo menos em parte, as determina. Em Pernambuco este Sistema previa as seguintes etapas: 1ª) alfabetização infantil; 2ª) alfabetização de adultos; 3ª) ciclo primário rápido; 4ª) extensão universitária (universidade popular); 5ª) Instituto de Ciências do Homem (pensado para ser criado na Universidade Federal de Pernambuco); 6ª) Centro de Estudos Internacionais (com foco sobre questões do Terceiro Mundo) (BRANDÃO, 2003, p.84).

Nesse cenário de reflexão terminológica, portanto, encontramos algumas pistas essenciais para a compreensão devida da célebre experiência de alfabetização de adultos na cidade de Angicos, no início da década de 1960. Convém reforçar que as práticas de alfabetização em Angicos foram fortemente influenciadas por outras experiências educativas, coordenadas anteriormente pelo nosso autor, tais como aquelas no setor de Educação e Cultura do Serviço

Social da Indústria (Sesi-PE) e no Movimento de Cultura Popular (MCP), conforme indicamos brevemente na lição anterior.

Nesse sentido, muito embora a experiência de Angicos seja aquela com maior destaque midiático e, consequentemente, a mais conhecida do público em geral, certamente não foi o único nem mesmo o primeiro esforço de execução do "Método Paulo Freire". Diante disso, Scocuglia realiza uma interessante investigação e nos relata:

> Na historiografia das práticas e das reflexões em torno das propostas de Paulo Freire para a alfabetização de adultos, no início dos anos sessenta, ganhou destaque a experiência de Angicos, Rio Grande do Norte, realizada em 1963 como o auxílio da Usaid e encerrada solenemente na presença do presidente Goulart, dos governadores da região Nordeste e do comandante do IV Exército, General Castelo Branco. Ocorre que um ano antes, na Paraíba, a Campanha de Educação Popular (Ceplar) já trabalhava com o chamado "Método Paulo Freire". A campanha paraibana foi iniciada logo após as primeiras experimentações de Freire no Poço da Panela, em Recife. Durante vários meses de 1962, os líderes da CEPLAR fizeram cursos com a equi-

pe do Serviço de Extensão Cultural da Universidade do Recife (SEC-UR) especialmente com Jarbas Maciel e com o próprio Freire.

[...] A partir de agosto de 1963, a Ceplar, além de consolidar-se em Campina Grande, se expandiu na direção das cidades, vilas, sítios e povoados marcados por intensos conflitos entre as Ligas Camponesas e os proprietários rurais paraibanos. No final de 1963, início de 1964, a Ceplar trabalhava com 135 "círculos de cultura" e, aproximadamente, 4 mil alfabetizandos (1998, p. 19, 21).

A experiência freiriana de alfabetização de adultos na cidade de Angicos teve início em janeiro de 1963 e, no dia dois de abril do mesmo ano, rematava com o evento solene de formatura, conforme Scocuglia descreveu anteriormente. Nessa ocasião, o projeto contou com a participação de trezentos(as) alfabetizandos(as).

Apesar do êxito do projeto em seu desenlace, cabe certa desmistificação dessa experiência. Como resultado da recepção do importante artigo "Angicos, 40 horas, 40 graus", de Hermínio Alves, identificou-se popularmente o Método como um esforço destinado à alfabetização de adultos em exatas quarenta horas (cf. FREIRE, A. M. A.,

2017b, p. 142). Todavia, embora o processo de alfabetização tenha, de fato, ocorrido em poucos dias, o "Método Paulo Freire" jamais esteve condicionado a um cômputo exato de tempo.

Nesse sentido, Ana Maria Araújo Freire afirma que, "sobre a questão do tempo de alfabetização, Paulo tinha a preocupação óbvia de que este teria que se dar com certa celeridade" (2017b, p. 142). No entanto, ela também levanta uma provocação pertinente, nos seguintes termos: "parece-me no mínimo estranho que livros sobre essa experiência de Angicos enfatizem as 40 horas no processo de alfabetização como foco do 'Método', pois Paulo em momento algum fez tal afirmativa ou teve tal pretensão" (2017b, p. 142).

Tendo considerado isso, convém ainda destacar o contexto social, político e educacional da experiência. A cidade de Angicos registrava dados alarmantes referentes ao analfabetismo presente nas camadas de jovens e adultos da população. Estima-se aí, pois, um total de 75 por cento de analfabetos e analfabetas, sem mencionar, ainda, o número de semianalfabetos(as), aqueles(as) que mal escreviam o próprio nome, que não compuseram essa estatística (cf. 2017b, p. 142).

Freire foi, portanto, o responsável por projetar, articular e liderar a campanha de alfabetização dessa população. O programa se desenvolveu, então, com o apoio político da Superintendência de Desenvolvimento do Nordeste (Sudene) e do Governo do Estado do Rio Grande do Norte, a partir do empenho pedagógico do Serviço de Extensão Cultural (SEC) da Universidade do Recife e com o auxílio financeiro da *Alliance for Progress* (cf. FREIRE, A. M. A., 2017b, p. 142-143).

Ainda sobre a experiência, Ana Maria Araújo Freire nos apresenta uma lista de dezessete palavras, dentre as quatrocentas extraídas do universo vocabular da população de Angicos (cf. FREIRE, A. M. A., 2017b, p. 139). As dezessete palavras foram escolhidas por um corpo de especialistas diversos(as) da Universidade do Recife. O exercício pedagógico da experiência de Angicos desenvolveu-se, portanto, a partir das assim denominadas "palavras geradoras"[22], que aqui reproduzimos:

BELOTA – MILHO – EXPRESSO – XIQUI-XIQUE – VOTO

POVO – SAPATO – CHIBANCA – SALINA – GOLEIRO – TIGELA

---

22. Conceito que abordaremos mais detidamente na próxima lição.

COZINHA – JARRA – FOGÃO – BILRO – ALMOFADA – FEIRA

As discussões em torno dessas palavras aconteciam nos círculos de cultura, que demarcavam uma disposição i) estética e pedagógica *sui generis*, isto é, uma organização espacial do ambiente, e ii) metodológica das aulas, cujo fim era proporcionar, ou mesmo ampliar, as condições de possibilidade para que a alfabetização ocorresse a partir de diálogos sempre horizontalizados, conferindo, assim, o protagonismo devido aos(às) alfabetizandos(as) como sujeitos ativos de todo o processo.

Não obstante, os aspectos que compõem os pressupostos, as etapas fundamentais e a execução prática do "Método Paulo Freire" serão analisados em um momento seguinte, nas lições subsequentes deste livro. Resta-nos, assim, reiterar aqui o aspecto exitoso da experiência. Ora, diante dos esplêndidos resultados obtidos, a saber, de trezentas pessoas alfabetizadas em um curto período de tempo, a partir de um exercício pedagógico radicalmente crítico e comprometido com a classe oprimida, Freire ganhou notoriedade no Brasil e também no exterior.

A experiência de Angicos evidenciou a competência singular de Paulo Freire quanto à organização política e social dos complexos aspectos da educação popular. Outrossim, os resultados de Angicos corroboraram a viabilidade prática das intrigantes proposições teórico-pedagógicas do nosso autor. Ora, em face dos excelentes resultados obtidos, em 1963, Freire foi convidado pelo governo federal para realizar o Programa Nacional de Alfabetização (PNA). Ele seria, desse modo, o responsável por presidir as atividades de educação popular vinculadas à Comissão de Cultura Popular. Sob a coordenação do Ministério de Educação, o PNA projetava valer-se do "Método Paulo Freire" para alfabetizar aproximadamente cinco milhões de jovens e adultos do país (cf. FREIRE, A. M. A., 2017b, p. 143-145).

Entretanto, as implicações políticas dessa proposta seriam, para dizer o mínimo, de caráter altamente subversivo e, sob vários aspectos, quiçá devastadoras sob a ótica da elite dominante. Como o processo eleitoral de então excluía os(as) analfabetos(as), a participação de cinco milhões de brasileiros e brasileiras oriundos(as) das camadas populares, que logo se alfabetizariam a partir de uma leitura crítica da realidade sociopolítica, seria um iminente problema para a manutenção do *status quo* nacional, das relações de opressão, dos privilégios da classe dominante.

> Para se ter uma ideia da extensão desse Programa, basta lembrar que tinham votado na eleição presidencial da qual saíram vencedores Sr. Jânio da Silva Quadros e João Belchior Goulart apenas pouco mais de onze milhões e seiscentos mil eleitores. Como no processo de alfabetização esses novos eleitores, provenientes das camadas populares, seriam desafiados a se conscientizar das injustiças que os oprimiam e a sentir a necessidade de lutar por mudanças, as classes dominantes estiveram desde o princípio contra o Programa (cf. FREIRE, A. M. A., 2017b, p. 145).

Um exemplo pode ser assaz eloquente: meses antes do golpe civil-militar, a *Alliance for Progress*, para demonstrar seu profundo descontentamento com as perspectivas político-pedagógicas do "Método Paulo Freire", retirou seus aportes financeiros (cf. FREIRE, A. M. A., 2017b, p. 142-143). No entanto, foi precisamente com a eclosão desse funesto golpe, em 1º de abril de 1964, que o Programa Nacional de Alfabetização (PNA), tal como havia sido projetado, foi violentamente abortado. Os esforços, então, para a constituição de uma educação nacional radicalmente crítica e politicamente reflexiva foram perseguidos e criminalizados:

Como advento do golpe militar de abril de 1964, a Ceplar foi invadida/extinta (sedes João Pessoa e Campina Grande) por comandos do Exército, seus documentos e materiais didáticos diversos foram apreendidos como supostas provas da subversão, seus principais dirigentes (católicos progressistas e comunistas do PCB) presos e, entre 1964 e 1969, submetidos a um Inquérito Policial Militar (IPM) no IV Exército no Recife (SCOCUGLIA, 1998, p. 29).

Institui-se, então, em 1968, durante o governo ditatorial de Costa e Silva, o Movimento Brasileiro de Alfabetização (Mobral), como uma alternativa político-educacional que atenderia diretamente às exigências de adequação ideológica da mentalidade educacional brasileira aos interesses espúrios do regime militar.

Ora, considerando, portanto, a criminalização e a consequente proibição de uso do Método e da apropriação tácita dos pressupostos políticos e filosóficos da pedagogia freiriana, durante o ápice do regime militar, podemos afirmar que o Brasil não testemunhou, por fim, a efetiva implantação do projeto nacional de educação popular sonhado por Paulo Freire.

Mesmo nas décadas subsequentes à ditadura, o intento pedagógico e político-social freiriano jamais foi hegemônico, sequer durante os anos de governo do Partido dos Trabalhadores (PT). Em especial nos últimos anos, a pedagogia freiriana se mostra completamente antagônica ao esforço ideológico e político do poder nacional em vigor, regido de maneira violenta pelos interesses burgueses, do grande capital. Indubitavelmente, a pedagogia freiriana se constituiu tão oposta e subversiva em relação aos modelos político-pedagógicos dos governos de Michel Temer e Jair Messias Bolsonaro quanto estivera do regime civil-militar brasileiro.

Atribuir à pedagogia freiriana os problemas da educação brasileira das últimas décadas é um equívoco histórico ou, talvez, uma artimanha intencional político-ideológica da direita brasileira que, ainda hoje, insiste em inviabilizar qualquer modelo político-educacional que conteste o atual estado de coisas, especialmente a opressão histórica e social.

Os impactos do golpe de 1964 e os anos vividos por Paulo Freire no exílio imposto pela ditadura civil-miliar serão abordados adiante, na quinta lição. Nas próximas lições, enfatizaremos, ademais, como já se indicam aqui, os aspectos fundamentais que constituem o Método pedagógico consagrado pela experiência de Angicos.

Terceira lição

O "Método Paulo Freire": os pressupostos e as etapas fundamentais

> *Saber ler e escrever torna-se instrumento de luta, atividade social e política. O objetivo final do método é a conscientização.*
>
> Moacir Gadotti

O "Método Paulo Freire" concebe, assim, suas práticas a partir de alguns postulados fundamentais. Com efeito, intencionamos, nesta breve exposição, apresentá-los inicialmente em articulação com as etapas constitutivas do Método. Ora, entre os pressupostos pedagógicos fundamentais, destacamos os seguintes:

i) a alfabetização como ato essencialmente criador e criativo do povo;

ii) a educação como relação necessariamente política e social;

iii) o caráter eminentemente dialógico das ações pedagógicas;

iv) a necessária relação dinâmica entre leitura da palavra e leitura da realidade;

v) a valorização da realidade social, histórica e cultural dos(as) alfabetizandos(as);

vi) o aprendizado de caráter significativo é uma relação da(o) alfabetizanda(o) com o objeto, isto é, uma espécie de ação sobre ele.

Os postulados aqui apresentados perpassam as etapas fundamentais que constituem a essência do "Método Paulo Freire". Vejamos, assim, cada uma delas. A primeira etapa é a de *investigação*, caracterizada, pois, pelo levantamento do universo vocabular e temático do grupo social com o qual se pretende realizar o Método de alfabetização. A proposta em jogo é de exercício da escuta, do estudo cuidadoso e da abertura generosa ao universo de fala da população local. A investigação do universo vocabular e temático é, portanto, realizada em meio a encontros informais com os(as) próprios(as) habitantes da região[23]. As conversas desenvolvidas revelam

---

23. "Começava por localizar e recrutar os analfabetos residentes na área escolhida para os trabalhos de alfabetização. Prosseguia mediante entrevistas com os adultos inscritos nos "círculos de cultura" e outros habitantes selecionados entre os

dilemas profundos da vida do povo, suas frustrações, esperanças e desesperanças, seus desejos, anseios e lutas, suas crenças, descrenças e utopias. Conversas marcadas também por "certos momentos altamente estéticos da linguagem do povo", por uma "exuberância não muito rara da linguagem do povo de que às vezes não se suspeita" (FREIRE, P., 2014b, p. 147).

De acordo com Freire, nessa etapa do Método

> Não se retêm apenas as palavras mais plenas de sentido existencial – e, por conseguinte, de maior conteúdo emotivo –, como também as expressões típicas do povo: expressões particulares, palavras ligadas a experiência dos grupos, sobretudo à experiência profissional (2016a, p. 78).

No entanto, convém destacar que não se trata de uma pesquisa rigorosamente científica, acadêmica, mas de uma investigação mais simples, que objetiva a uma aproximação do universo temático e vocabular do povo como ponto

---

mais antigos e os mais conhecedores da realidade. Registravam-se literalmente as palavras dos entrevistados a propósito de questões referidas às diversas esferas de suas experiências de vida no local: questões sobre experiências vividas na família, no trabalho, nas atividades religiosas, políticas recreativas etc." (BEISIEGEL, 2004, p. 176).

de partida do Método. Consideramos, portanto, "o vivido e o pensado que existem vivos na fala de todos, todo ele é importante: palavras, frases, ditos, provérbios, modos peculiares de dizer, de versejar ou de cantar o mundo e traduzir a vida" (BRANDÃO, 2003, p. 26).

Freire menciona, assim, vários exemplos de frases muito significativas ditas pelo povo nessa etapa de investigação do Método, como: i) "janeiro em Angicos – disse um sertanejo do Rio Grande do Norte – é muito duro de se viver, porque janeiro é cabra danado que gosta de judiar de nós"; ii) "eu quero aprender a ler e a escrever – disse um analfabeto de Recife – para deixar de ser a sombra dos outros"; iii) "não sofro por ser pobre, mas por não saber ler"; iv) "'tenho o mundo como escola' – disse um analfabeto da região sul do Brasil" (2016a, p. 79).

Nesse horizonte, Brandão destaca algo digno de interesse: a "descoberta coletiva da vida através da fala; do mundo através da palavra" (2003, p. 28), e não uma coleta fria de dados para a construção de exercícios mecânicos de alfabetização, que pouco ou nada contribuem para a leitura do mundo vivido. Ora, a alfabetização em perspectiva freiriana contempla, desse modo, um duplo caráter, pensado sempre dialeticamente: i) a leitura das palavras escritas; e

ii) a leitura do mundo. Esta, indubitavelmente, precede aquela. Anterior, assim, à leitura das palavras, a leitura do mundo se deixa marcar profundamente pela cotidianidade, pela experiência sensorial, que, todavia, não basta a si mesma. Mas que, conforme Freire, "não pode ser desprezada como inferior pela leitura feita a partir do mundo abstrato dos conceitos que vai da generalização ao tangível" (2001, p. 261).

Por conseguinte, o "Sistema Paulo Freire", desde a realização de sua primeira etapa de ação no campo da alfabetização, é sempre dialógico, dinâmico e contextual[24], firmando-se, pois, na realidade concreta das(os) estudantes como ponto de partida do Método, visando, sobretudo, proporcionar as condições necessárias para a superação da leitura restrita à cotidianidade, ou seja, partir da realidade concreta para o aprimoramento de uma leitura cada vez mais complexa da realidade sócio-histórica do povo oprimido.

A segunda etapa é a da *tematização*. Essa fase diz respeito à seleção das palavras extraídas do universo vocabular dos(a) alfabetizandos(as).

---

24. "O objetivo da pesquisa do universo vocabular e temático é surpreender a maneira como uma realidade social existe na vida e no pensamento, no imaginário dos seus participantes. A pesquisa deve ser um ato criativo e não um ato de consumo" (BRANDÃO, 2003, p. 28).

Com efeito, Freire aponta os seguintes critérios objetivos: i) riqueza fonêmica; ii) dificuldades fonéticas; iii) teor pragmático da palavra.

As palavras extraídas das conversas formam a menor unidade da pesquisa do universo de fala do povo, enquanto os fonemas são tratados com as menores unidades linguísticas nas ações do Método (cf. BRANDÃO, 2003, p. 30). Desse modo, destaca-se *a priori* o aspecto sintático, isto é, a riqueza fonêmica das palavras escolhidas, denominadas por Freire *palavras geradoras*[25], além da gradação das dificuldades fonéticas. Outro aspecto destacado é o semântico, ou seja, o grau de intensidade do vínculo entre determinada palavra

---

25. "A palavra geradora propicia a criação de novas palavras por meio de combinações silábicas, aplicada no método Paulo Freire de alfabetização de adultos. A palavra geradora advém do contexto dos estudantes. Constitui-se como unidade básica na organização do programa de atividades e na futura orientação dos debates nos 'círculos de cultura'. As palavras escolhidas variam conforme o lugar, sendo recolhidas do meio e posteriormente selecionadas, em número aproximado de dezessete. Dentre elas, as mais frequentes: eleição, voto, povo, governo, tijolo, enxada, panela, cozinha. Cada uma dessas palavras é dividida em sílabas e reunidas em composições diferentes, formando novas palavras. Esta dinâmica caracteriza a modalidade da "ação cultural" (VASCONCELOS; BRITO, 2006, p. 148). De acordo com Brandão (2003, p. 32), "as palavras geradoras não precisam ser muitas. De 16 a 23 é o bastante", desde que, em conjunto, cumpram os respectivos critérios.

e o que ela designa. Por fim, o aspecto mais original do método silábico, adotado e fundamentalmente ressignificado por Freire, consiste na sua dimensão pragmática. Nessa perspectiva, as palavras geradoras são escolhidas em virtude de seu significado político-social para o grupo. Sobre essa dimensão pragmática, Brandão sublinha que, na perspectiva freiriana, "as palavras não são só um instrumento de leitura da língua; são também instrumentos de releitura coletiva da realidade social onde a língua existe, e existem os homens que a falam e as relações entre os homens" (2003, p. 30-31).

Por fim, no "Método Paulo Freire", não apenas as palavras em si mesmas, mas o "universo mínimo temático" (FREIRE, P., 2016c, p. 148) popular torna-se de inestimável valia. As palavras geradoras, portanto, conferem forma aos denominados *temas geradores*, que

> podem ser localizados em círculos concêntricos, que partem do mais geral ao mais particular. Temas de caráter universal, contidos na unidade epocal mais ampla, que abarca toda uma gama de unidades e subunidades, continentais, regionais, nacionais etc., diversificadas entre si (FREIRE, P., 2016c, p. 158).

Os temas geradores constituem, portanto, a dimensão transdisciplinar do Método, a qual versa sobre a reflexão crítica de temas sociais, históricos, políticos, religiosos e econômicos, em um esforço de transcender uma percepção fragmentada e focalizada da realidade, em direção a uma consciência crítica e mais holística. Nos temas geradores institui-se, sobretudo, a harmonia presente no Método entre as questões epistemológicas e a busca por transformação social.

Ora, é justamente no contexto histórico-social vivido que o tema gerador se ergue, não podendo, pois, ser desvinculado da situação de opressão vigente. Conforme a obra *Pedagogia do oprimido*, o tema gerador "não se encontra nos homens isolados da realidade, nem tampouco na realidade separada dos homens. Só pode ser compreendido nas relações homens-mundo" (FREIRE, P., 2016c, p. 163).

Carlos Rodrigues Brandão, no entanto, situa o universo dos temas geradores como uma etapa posterior à seleção das palavras geradoras, em uma espécie de aprofundamento destas. Desse modo, ele postula uma evidente distinção, ou seja, "dois níveis de universos: o vocabular e o temático, um como núcleo gerador da fase de alfabetização, outro da de pós-alfabetização" (2003, p. 39). Brandão, além disso, aventa a possibilidade de inserção da presença dos temas geradores ainda na etapa de alfabetização, em umcenário em que são provocados, pois, "debates mais a fundo sobre as questões que as palavras geradoras apenas sugerem" (2003, p. 36).

Interessa-nos aqui, contudo, o reconhecimento de que, no "Método Paulo Freire", o aprendizado da leitura das palavras ocorre simultaneamente à problematização das leituras de mundo, das percepções sobre o estado de coisas do cotidiano, como a situação de desemprego, fome, miséria, analfabetismo, sobre as razões da escassez vivida intensamente por uns(umas) que lutam arduamente pela sobrevivência, e a bonança e acúmulo exacerbado por outros(as), que vivem, pois, da exploração das classes oprimidas. Da problematização das dores, dilemas, desigualdades sociais e desafios árduos da vida do povo irrompe, então, o núcleo da práxis do Método.

Convém ressaltar, nesse momento, uma importante questão: Paulo Freire não descarta as contribuições ativas, isto é, as sugestões específicas dos(as) educadores(as) durante o processo de tematização. Embora o povo possua uma sabedoria singular, gestada na prática social, Freire reconhece, adicionalmente, a necessidade de maior aprofundamento teórico, de um saber mais crítico. Isso posto, abre-se caminho para os *temas-dobradiça*, ou seja, temas sugeridos pelas(os) educadoras(es), aquelas questões capazes de elucidar melhor a temática anteriormente sugerida pelo grupo[26].

Nesse horizonte, portanto, institui-se a terceira etapa do Método: a *problematização*. O Método aspira à criação de condições reflexivas para a superação da visão ingênua e focalizada da realidade, almejando, essencialmente, o desenvolvimento de uma consciência coletiva mais crítica e abrangente, capaz de promover a luta em prol da transformação da realidade vivida. As situações locais do grupo são tomadas, por isso, como ponto de partida para debates de problemas histórico-sociais mais amplos, de caráter regional, nacional e, quiçá, mundial. Propõem-se, então, debates coletivos, mediados pelo(a) educador(a), nos espaços assim denominados de *círculos de cultura*.

O estudo do universo vocabular e temático do povo pressupõe, como destacamos, uma atitude de muita sensibilidade e alteridade por parte das(os) educadoras(es) envolvidas(os) no processo. Os temas e as palavras selecionados não são assumidos a partir de uma percepção fixa

---

26. "Se a programação educativa é dialógica, isto significa o direito que também têm os educadores-educandos de participar dela, incluindo temas não sugeridos. A estes, por sua função, chamamos 'temas dobradiça'" (FREIRE, P., 2016c, p. 163).

da realidade, mas em seu vir-a-ser, no complexo processo de mudança das realidades sócio-históricas. A seleção, portanto, não é fruto de uma simples percepção da realidade dos fatos, considerados, pois, ontologicamente, naturalizados, mas de uma postura que implica uma investigação constante da realidade que se faz histórica, ou seja, aberta a mudanças e transformações profundas.

O Método, por conseguinte, implica a interpretação da realidade opressora como situação histórica passível de superação. Nesse sentido, a dimensão de luta político-social é inerente ao "Método Paulo Freire". Na consideração sumária de Moacir Gadotti,

> saber ler e escrever torna-se instrumento de luta, atividade social e política. O objetivo final do Método é a conscientização. [...] A educação para a libertação deve desembocar na práxis transformadora, ato do educando, como sujeito, organizado coletivamente (1991, p. 40).

Dessarte, os aspectos aqui apresentados correspondem à nossa proposta de uma primeira aproximação aos pressupostos pedagógicos e às etapas fundamentais do "Método Paulo Freire". Dedicaremos, ainda, a próxima lição à apresentação dos caminhos de execução prática do Sistema e seus desdobramentos ulteriores.

Quarta lição

O "Método Paulo Freire": a execução prática

> *Ninguém educa ninguém, como tampouco ninguém se educa a si mesmo: os homens se educam em comunhão, mediatizados pelo mundo.*
>
> Paulo Freire

Na lição anterior, realizamos uma breve incursão introdutória ao "Método de Alfabetização Paulo Freire". Apresentamos alguns postulados teórico-pedagógicos que fundamentam suas etapas essenciais. Destacamos, também, as fases de *investigação*, *tematização* e *problematização* que basicamente compõem o Método.

Interessa-nos, agora, apresentar as etapas de execução prática do Método e seus desdobramentos ulteriores. Ora, nas obras *Educação como prática da liberdade* e *Conscientização*, Paulo Freire nos apresenta o Método em cinco fases de execução prática (cf. 2014b, p. 147-151; 2016a, p. 78-82):

i) levantamento do universo vocabular;

ii) escolha das palavras selecionadas do universo vocabular pesquisado;

iii) criação de situações existenciais típicas do grupo;

iv) feitura das fichas-roteiro para auxílio dos(as) mediadores(as)/coordenadores(as);

v) elaboração de fichas com a decomposição das famílias fonéticas.

Com efeito, convém ainda destacar que o Método, em sua efetivação, propõe uma experiência coletiva anterior ao debate sobre as palavras geradoras, qual seja: a problematização político-social do conceito antropológico de cultura. Ora, essa incursão proposta era, em sua época, e permanece sendo atualmente, uma prática pedagógica contestatória, logo, radicalmente política. Na proposta freiriana, o conceito antropológico de cultura é, pois, elevado ao máximo destaque. Assim, torna-se necessária a abertura de uma via reflexiva sobre:

i) a existência do mundo da cultura e da natureza;

ii) o papel ativo do ser humano na e com a realidade;

iii) o papel mediador, representado pela natureza, para as relações e as comunicações entre os seres humanos;

iv) a cultura como resultado do trabalho humano, de seu esforço criador e recriador;

v) a cultura como aquisição sistemática da experiência humana;

vi) a cultura como incorporação e não como uma justaposição de informações ou de prescrições outorgadas;

vii) a democratização da cultura como dimensão da democratização fundamental;

viii) o aprendizado da leitura e da escrita como chaves pelas quais o analfabeto começa sua introdução ao mundo da comunicação escrita;

ix) o papel do ser humano como sujeito e não como mero objeto[27].

O percurso ora proposto de introdução ao conceito de cultura era realizado a partir da utilização de pinturas e/ou desenhos que pudessem expressar situações existenciais diretamente vivenciadas na cotidianidade popular. Desse modo, conforme a descrição de Beisiegel:

---

27. A presente incursão crítica sobre o conceito antropológico de cultura, tal como se apresenta aqui, se extraiu da obra freiriana organizada pelo Instituto Ecumênico para o Desenvolvimento dos Povos (Inodep), intitulada *Conscientização* (cf. FREIRE, P., 2016a, p. 93).

O grupo discutia situações que possibilitavam a distinção entre o mundo da natureza e o mundo da cultura, era levado a refletir sobre o papel ativo dos homens na criação das suas próprias condições de existência, a entender que poderiam atuar na modificação dessas condições de vida e a situar a importância da linguagem escrita nesse processo. Depois passava-se à discussão das palavras geradoras, apresentadas ao grupo (em "slides", cartazes ou desenhos) juntamente com representações das situações de vida que sugeriam. Esse contexto figurativo daria a 'sustentação psicológica da palavra na mente do analfabeto' e estimularia os debates a propósito das situações existenciais evocadas. O estudo das técnicas da linguagem escrita se realizava no interior de um amplo debate sobre as experiências de vida do grupo (2004, p. 177).

Vejamos, portanto, um exemplo concreto da proposta em jogo[28], a partir do caderno intitu-

---

28. De acordo com Carlos Rodrigues Brandão, "em sua forma original o 'Método Paulo Freire' trabalhava com 13 'fichas de cultura' que incentivavam os alfabetizandos a se descobrirem como 'sujeitos e agentes de cultura' e a pensarem criticamente a sua situação social. As fichas vinham do mais geral, a 'ideia de

lado *Método Paulo Freire*: Manual do monitor (ver SOCIEDADE..., 1981):

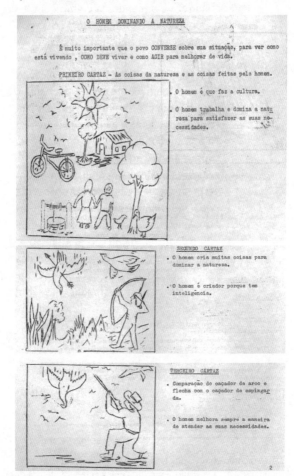

cultura' até o mais concreto: 'a imagem de um círculo de cultura' como o que deveria estar dialogando ao vivo" (2021, p. 407).

QUARTO CARTAZ

- O jeito do homem vencer a natureza é diferente do jeito dos animais. Por exemplo: o gato e o homem têm necessidade de se alimentar. O gato e o homem caçam. A maneira do homem caçar é diferente da maneira do gato caçar (o gato nunca muda a maneira de caçar). O homem inventa novas maneiras de atender as suas necessidades.

- O HOMEM PRECISA APROVEITAR DO FRUTO DO SEU TRABALHO.
- A PESSOA HUMANA TEM MUITAS MANEIRAS DE DOMINAR A NATUREZA E FAZER CULTURA:
  - trabalha na terra – agricultura (plantação e criação)
  - transforma os produtos da terra – fábricas (indústrias)
  - presta serviços – transporte, comércio, hospital, escola, diversão, obras de arte, na política (a política deve ser a serviço do bem comum)
  - as pessoas precisam se comunicar para fazerem cultura. A pessoa sozinha e isolada não consegue fazer (cultura.

O *Manual do monitor* nos sugere, além disso, diversos exemplos de uso de palavras geradoras. Desse modo, gostaríamos de destacar a proposta a partir da palavra geradora "povo".

Segunda Lição

1. Palavra geradora: P O V O

2. Idéias para discussão:
   - a consciência do povo (seus direitos e deveres)
   - a inconsciência da massa
   - o povo construindo o progresso
   - os beneficiados do progresso

3. Finalidade da conversa:
   - despertar o grupo para a importância do povo na construção do progresso
   - descobrir com o grupo para quem vão os frutos do progresso
   - discutir sobre os direitos e deveres do povo
   - ver com o grupo se a maioria das pessoas é povo ou é massa.

4. Encaminhamento da conversa
   a) O que estamos vendo neste quadro?
   b) O que é que esse povo faz?
   c) Quais os resultados do trabalho do povo?
   d) Quem se beneficia dos frutos do trabalho?
   e) O povo tem deveres a cumprir? Quais são esses deveres?
   f) O povo tem direitos a exigir? Quais são esses direitos?
   g) O povo sempre exige os seus direitos? Por que?
   h) Quem não exige seus direitos e não cumpre os seus deveres pode ser chamado de povo consciente? Por que?

A proposta de alfabetização a partir das palavras geradoras tem sua origem, então, no compromisso com a realidade histórica e social dos(as) alfabetizandos(as). A palavra geradora aqui exemplificada deveria consistir em uma expressão extraída do universo vocabular e temático do grupo. A partir dela, o(a) educador(a), denominado mediador(a) ou coordenador(a), apresentaria as famílias silábicas que a compõem:

POVO

PA PE PI PO PU

VA VE VI VO VU

Após a leitura e a apresentação dos fonemas, o exercício proposto se tornaria, inclusive, mais radicalmente aberto à liberdade e à criatividade das(os) alfabetizandas(os). A proposta era de que elas(eles) formassem outras palavras e expressões com os fonemas apresentados, como com as seguintes sugestões em destaque, *vivo* e *pipa*, dentre outras possíveis.

Por conseguinte, como podemos observar no esboço proposto pelo *Manual*, a problematização político-social da palavra geradora constitui uma etapa indeclinável do "Método Paulo Freire". Não é sem razão, então, que esse sistema de alfabetização sofra a acusação de subversivo, pois discute criticamente elementos fundamentais da experiência histórica de opressão sofrida por parte majoritária da população brasileira.

É mister pontuar que o "Sistema Paulo Freire" se desdobra, para além disso, em ações no campo da pós-alfabetização, desenvolvidas, sobretudo, no material posteriormente denominado *Cadernos de Cultura Popular*[29]. A esse respeito, Moacir Gadotti nos relata que:

> Por ser contrário à concepção do ato de conhecer assumido pelas cartilhas – o conhecimento vindo de fora e sendo despejado no aluno –, Paulo Freire fugiu delas, no final da década de 50, e começou as experiências dos anos 60 sem cartilhas. Com o tempo, porém, ele descobriu que o alfabetizando precisa de um material de reforço que se adequasse à sua filosofia de trabalho. Contudo, a organização de um material de reforço que auxiliasse o educando no processo de alfabetização não chegou a ser feita no Brasil, por causa do golpe militar. Só no Chile esse material

---

29. "Os *Cadernos de Cultura Popular* que vêm sendo usados pelos educandos como livros básicos, quer na alfabetização quer na pós-alfabetização, não são cartilhas nem manuais com exercícios ou discursos manipuladores. *Cadernos de cultura popular* é o nome genérico que vem sendo dado a esta série de livros de que o primeiro é o da alfabetização. Esse primeiro caderno é composto de duas partes, sendo a segunda uma introdução à pós-alfabetização" (FREIRE, P., 2017, p. 51-52).

começaria a ser organizado, sendo enriquecido posteriormente pela experiência na África, onde surgiram os cadernos de cultura (1991, p. 41- 42).

Embora não seja temática específica de uma obra introdutória a Paulo Freire, convém destacar a importância do material de pós-alfabetização desenvolvido por ele, especialmente se considerarmos sua frutífera experiência política, humanista e pedagógica, vivenciada nos países africanos de língua portuguesa. Esse material não se caracteriza pela transmissão passiva de conteúdos mecanicamente memorizados. Na proposta pedagógica freiriana, a educação não é mera doação de conhecimentos dos(as) educadores(as), mas fruto de uma relação social problematizadora. Assim sendo, "ninguém educa ninguém, como tampouco ninguém se educa a si mesmo: os homens se educam em comunhão, mediatizados pelo mundo" (FREIRE, P., 2016a, p. 120). Com efeito, o material desenvolvido objetivou aprofundar as leituras dialógicas, populares e críticas da realidade, a fim de contribuir na "participação efetiva do povo enquanto sujeito, na construção do país, a serviço de que alfabetização e a pós-alfabetização se acham" (FREIRE, P., 2017, p. 52).

Ao encerrar nossa incursão introdutória ao "Método Paulo Freire", cumpre sublinhar o que anteriormente havíamos postulado: a complexidade e a contextualidade desse sistema. Os aspectos mais relevantes do Método não dizem respeito apenas à constituição original e à execução prática, as quais remontam à segunda metade do século XX. O Método em si é essencialmente experimental, aberto a novas possibilidades, ou seja, constitui-se em um movimento contínuo de sensibilização à realidade histórica, política e social do contexto em que se desenvolve. Com efeito, o principal desafio posto às educadoras e aos educadores que retomam as práticas do "Método Paulo Freire" se efetiva na necessidade de, a partir dos pressupostos e críticas sócio-históricas, pedagógicas e filosóficas que compõem o Método, adaptá-lo, a fim de responder aos desafios político-pedagógicos inerentes a cada realidade histórica e social.

Quinta lição

Os novos contextos

> *Quanto aos outros, os que põem em prática a minha prática, que se esforcem para recriá-la, repensando também meu pensamento. E ao fazê-lo, que tenham em mente que nenhuma prática educativa se dá no ar, mas num contexto concreto, histórico, social, cultural, econômico, político, não necessariamente idêntico a outro contexto.*
>
> Paulo Freire

Conforme anunciamos na segunda lição – "O 'Método Paulo Freire': a experiência de Angicos" –, agora dedicaremos espaço a uma breve introdução ao período de exílio de Paulo Freire, além de seu posterior retorno ao Brasil. Os anos aí correspondentes são fundamentais para o desenvolvimento e o amadurecimento de vários aspectos da pedagogia freiriana. Enfatizamos, pois, que o contato com novos contextos, a consequente exigência constante de repensar sua própria práxis e o empenho pujante para reaprender sua própria gente, sobretudo, após os anos de exílio, ditaram seguramente os contornos da pedagogia freiriana.

Isso posto, retomamos aqui nossa leitura da trajetória de Paulo Freire a partir do contexto hediondo das políticas necrófilas da ditadura civil-militar brasileira. O ano de 1964 inaugurou o ápice da criminalização dos ideais políticos e pedagógicos progressistas em solo brasileiro. Esse período não significou apenas a intermitência da possibilidade de execução de um projeto de um país equânime, justo e solidário, que almejaria, desse modo, erradicar o analfabetismo e a alienação política, além de construir uma sociedade sem a nefasta divisão de classes. A realidade soturna que se instaurou no país resultou em perseguição, prisão e, em muitos casos, tortura e morte de pessoas acusadas de subversão política[30]. Consequentemente, nosso autor não escapou ileso desse cenário de medo e horror imperante no país.

---

30. Para uma compreensão mais aprofundada desse contexto sombrio e das práticas vis e desumanizadoras institucionalizadas no Brasil, ver *Brasil: nunca mais*, da Arquidiocese de São Paulo.

No livro, *Aprendendo com a própria história*, Paulo Freire relata que esteve preso em dois momentos, em Recife e em Olinda: "vinte e poucos dias numa primeira vez, e cinquenta dias na outra" (FREIRE, P.; GUIMARÃES, 2011b, p. 71). Inicialmente, em uma perspectiva quiçá ingênua, "eu me recusava a ideia de me asilar. No fundo, mesmo tendo a certeza de que iria ser preso, preferia assumir essa responsabilidade" (FREIRE, P.; GUIMARÃES, 2011b, p. 57), relembra.

No entanto, Freire logo percebeu que não havia alternativa capaz de preservar sua vida, senão aquela de buscar asilo político. Consequentemente, em outubro de 1964, aos 43 anos de idade, Paulo Freire partiu rumo à Bolívia sob acusação de ser um perigoso doutrinador marxista e, portanto, revolucionário e insurreto (cf. FREIRE, A. M. A., 2017a, p. 153-163)[31]. Tal

---

31. Ademais, julgamos oportuno citar parte do inquérito policial militar do Quartel da 2ª Companhia de Guardas do Recife, publicado parcialmente na biografia escrita por Araújo Freire. No relatório desse inquérito, o tenente-coronel Hélio Ibiapina Lima escreveu: "Dr. PAULO REGLUS NEVES FREIRE – É um dos maiores responsáveis pela subversão imediata dos menos favorecidos. Sua atuação no campo da alfabetização de adultos nada mais é que uma extraordinária tarefa marxista de politização delas. O mais grave, contudo, é que essa subversão era executada com os recursos financeiros do próprio governo federal e com ajuda da Aliança para o Progresso e

acusação lhe outorgava ainda a sórdida pecha de inimigo de Deus e traidor da pátria, em razão de sua prática metodológica e de sua orientação político-pedagógica[32].

Com efeito, o aspecto "cênico" e cínico das acusações é muito bem evidenciado em uma reportagem da *Folha de S.Paulo*:

---

outros. Isso torna mais grave a traição que fazia à Pátria. [...] E não era criador de sistema, nem de método, não passava de um mistificador entre tantos outros que infestavam o País" (FREIRE, A. M. A., 2017a, p. 173). Em outro excerto do relatório, foi dito: "Nenhum motivo tem a pátria para agradecer os trabalhos de Paulo Freire e, ao contrário, a Pátria traída o procura, pelos atuais responsáveis pelo seu destino, para que lhe pague os danos causados. É um criptocomunista encapuçado [sic] sob a forma de alfabetizador" (FREIRE, A. M. A., 2017a, p. 174).

32. Sobre as concepções teóricas e a luta de Paulo Freire, é importante salientar que ele: "jamais tinha falado ou foi adepto da violência – só, posteriormente, fez algumas concessões a esta para a luta dos oprimidos – ou da tomada do poder pela força das armas. Esteve desde jovem a refletir sobre educação e a engajar-se nas ações humanistas mediadas pela prática educacional transformadora, de início, por essa época, basicamente de orientação cristã católica. Lutou e vinha lutando sem descanso por uma sociedade mais justa e menos perversa, como gostava de dizer, por uma sociedade realmente democrática, na qual não houvesse 'senhores' contra 'escravos', na qual todos pudessem ter voz e vez. Na verdade, Paulo fazia um trabalho muito mais político do que ele mesmo até então pôde perceber e entender naqueles tempos brasileiros. Acreditava estar a serviço de homens e mulheres para educá-los para a vida com dignidade, para suas humanizações ao possibilitar-lhes sua integridade ontológica: saber ler e escrever a palavra e o mundo" (FREIRE, A. M. A., 2017a, p. 176).

Após a manifestação de [19]64, o educador Paulo Freire estava preso no 14º Regimento de Infantaria, em Recife. Motivo da prisão: o método de alfabetização de adultos criado por Paulo Freire, considerado subversivo pelos militares. Um dia, Paulo Freire conversava com um capitão do presídio, que lhe fez um pedido: – Professor, o senhor não quer aplicar seu método para nossos recrutas? Há muitos analfabetos entre eles e é um serviço que o senhor prestava ao país enquanto estiver aqui. – Mas, capitão, é exatamente por causa do método que eu estou aqui – respondeu o educador (DESINFORMADO…, 1987).

No exílio, Freire permaneceu por longos e frutíferos anos. Nesse período, dedicou-se com afinco à reflexão e ação político-pedagógica em diversos países. Sua estadia inicial na Bolívia, porém, não durou muito. Além dos problemas de saúde em decorrência da altitude em La Paz, dias após sua chegada, deflagrou-se um golpe de Estado. Freire ponderou, assim, que o Chile seria um destino mais viável.

Paulo Freire logrou permanecer no Chile de novembro de 1964 até abril de 1969. Com o apoio do Ministério da Educação desse país, realizou proveitoso trabalho como educador popular, seja na fase de alfabetização ou na de pós-alfabetização, no contexto rural e urbano, seja especialmente com trabalhadores e trabalhadoras do campo, em um empenho notável de relacionar educação de adultos com reforma agrária[33]. Ainda nesse período, foi contratado pela Unesco para também atuar como consultor especial (cf. FREIRE, A. M. A., 2017a, p. 187).

No contexto chileno, Paulo Freire publicou importantes livros, como sua obra-prima *Pedagogia do oprimido*, além de *Extensão ou comunicação?*, não sem antes publicar sua própria tese de doutoramento, *Educação e atualidade brasileira*, que, após alterações e adaptações, veio a lume sob o título *Educação como prática da liberdade* (cf. FREIRE, A. M. A., 2017a, p. 188).

Após anos de intensas atividades no Chile, Paulo Freire aceitou o convite da Universidade Harvard para atuar como professor convidado do *Center for Studies in Development and Social Change*. Aqui encontramos as raízes primeiras de uma máxima que circula amplamente nas redes sociais, a saber, que "Paulo Freire não estudou em Harvard. É Harvard que estuda

---

33. Para uma melhor compreensão das relações entre educação e a luta por reforma agrária, sugerimos a leitura das obras freirianas *Extensão ou comunicação?* e *Ação cultural para a liberdade e outros escritos*. Em alguns capítulos dessas obras, a questão é inicialmente muito bem debatida.

Paulo Freire". As ideias sociofilosóficas e as práticas político-pedagógicas de nosso autor, todavia, não despertaram apenas o interesse de pesquisadores(as) na Universidade Harvard, mas também de outras prestigiadas universidades norte-americanas e europeias.

No entanto, ele optou por permanecer nos Estados Unidos da América menos de um ano. Conforme explica Gadotti, "Paulo Freire desejava muito viver a experiência nos Estados Unidos, porém, temia perder contato com o concreto, deixar América Latina e só operar com livros, viver dentro de uma biblioteca. Isso não o satisfaria; seria uma espécie de alienação" (1991, p. 56-57). Ademais, o Conselho Mundial de Igrejas, sediado em Genebra, na Suíça, o convidou para coordenar o Departamento de Educação. Nas palavras do próprio Freire,

> por outro lado, estava, já na época, absolutamente convencido de quão útil e fundamental seria a mim correr o mundo, expor-me a contextos diversos, aprender das experiências de outros, rever-me nas diferenças culturais. E isto o Conselho me oferecia indiscutivelmente mais que qualquer universidade (FREIRE, P., 2019b, p. 31).

A datar o início das atividades de Paulo Freire no Conselho Mundial de Igrejas, a partir de 1970, uma nova etapa de seu exílio é inaugurada, agora no contexto da Europa e, posteriormente, também na África. Residindo, então, na Suíça, nosso autor, não obstante, não precisou abandonar por completo suas atividades universitárias. Freire ministrou diversos cursos, seminários, palestras e conferências em universidades de vários países, dentro e fora do antigo continente. Destacamos, por exemplo, suas atividades como professor da *Ecole de Psychologie et Sciences de l'Éducation* (EPSE) da Universidade de Genebra, que também lhe conferiu o título de doutor *honoris causa* (cf. FREIRE, A. M. A., 2017a, p. 197-1998; GADOTTI, 1991, p. 64)[34].

No início da década de 1970, Paulo Freire e um grupo de brasileiros exilados fundaram um distinto centro de pesquisa e ação político-pedagógica intitulado Instituto de Ação Cultural (Idac). Em 1975, um convite marcou profundamente a história e o pensamento de Paulo Freire, então presidente do comitê executivo do Idac. O Ministro da Educação da República de Guiné-Bissau, Mario Cabral, convida Freire

---

34. Destacamos ainda que Freire também foi condecorado com o título de doutor *honoris causa* em outras tantas universidades de enorme prestígio mundial. A Universidade de Genebra, apesar da nossa ênfase aqui, não foi um caso isolado.

e sua equipe do Idac para contribuírem com o programa nacional de alfabetização que estava em desenvolvimento naquele país (cf. GADOTTI, 1991, p. 61).

Ora, sobre essa experiência vivida, convém destacar um ponto bastante significativo, que se relaciona diretamente com a natureza do ideário crítico e dialógico freiriano: seria um contrassenso colossal Freire ou sua equipe do Idac ostentarem, minimamente que seja, uma postura arrogante e autocentrada, de contornos neocolonialistas, de imposição de uma perspectiva teórico-cultural previamente estabelecida, como se, eles próprios, "autoridades intelectuais", possuíssem as chaves para a resolução dos problemas sociopolíticos e educacionais guineenses. Nesse sentido, Gadotti explicita:

> Coerentemente com sua proposta, o Idac não foi à Guiné-Bissau na qualidade de perito internacional em educação popular, mas sim para prestar colaboração em termos de militância. Seus membros não levavam na bagagem projetos acabados para prescrevê-los ao governo que os convidava. Se assim fosse, estariam adotando uma postura neocolonialista, que o Idac rejeitava totalmente, seguindo a linha de que experiências não se transplantam, vivem-se. Da assessoria prestada, resultou um

> aprendizado enorme, tanto por parte de quem estava ensinando como dos que estavam aprendendo (1991, p. 62).

A dimensão da valorização do contexto social e cultural é, conforme se destacou amplamente nas lições anteriores sobre o Método, uma exigência indeclinável da pedagogia freiriana. Com efeito, na obra escrita em parceria com o autor caboverdiano Donaldo Macedo, Paulo Freire reafirma sua posição de que "os alunos devem alfabetizar-se quanto às suas próprias histórias, a experiência e à cultura de seu meio ambiente imediato" (1990, p. 29). A experiência africana, portanto, não poderia prescindir dessa exigência.

Nesse horizonte, instaurou-se, para o nosso autor, um período de intensa inserção nos contextos de países africanos de língua portuguesa, não apenas Guiné-Bissau, mas também Cabo Verde, Angola e São Tomé e Príncipe (cf. FREIRE, A. M. A., 2017a, p. 199-205). Ademais, os aprendizados foram diversos[35], valendo ressaltar os encontros diretos com educadores e

---

35. Sugerimos aqui duas importantes obras freirianas que destacam em profundidade as marcas da experiência africana: *Cartas à Guiné-Bissau* e *A África ensinando a gente*, esta escrita em parceria com Sérgio Guimarães.

educadoras locais, as experiências de gestão pedagógica, as relações dialógicas com estudantes, os encontros face a face com a população oprimida, as leituras de autores revolucionários africanos[36], como Amílcar Cabral, por exemplo, que influenciou diretamente o ideário crítico freiriano[37], dentre outras afortunadas experiências vividas.

Considerando isso, aproximamo-nos do fim do período de exílio de Freire. Em agosto de 1979, nosso autor realizou uma viagem de visita ao Brasil, "sob o clima de euforia da 'anistia política ampla, geral e irrestrita'" (FREIRE, A. M. A., 2017a, p. 227). Quanto à sua chegada no aeroporto de São Paulo, o jornal *Folha de S.Paulo*, em matéria publicada naquele ano, registra uma resposta muito significativa de Paulo Freire. Questionado sobre seu conhecimento

---

36. É válido mencionar que, mesmo antes da experiência africana, Freire conhecia a produção intelectual de alguns autores marxistas desse contexto, a exemplo de Frantz Fanon, diretamente citado por nosso autor na *Pedagogia do oprimido*, obra de 1968 (cf. FREIRE, P., 2016c, p. 252).

37. Indicamos, ainda, a leitura de outros textos muito interessantes: i) o livro *Paulo Freire e Amílcar Cabral*: a descolonização das mentes, de José Eustáquio Romão e Moacir Gadotti; ii) o capítulo Amílcar Cabral – pedagogo da revolução, da obra freiriana *Pedagogia da tolerância*; e, por fim, cumpre mencionar, iii) a incrível obra *Guiné-Bissau*: nação africana forjada na luta, do próprio Amílcar Cabral.

acerca do desenvolvimento político do contexto brasileiro de então, ele diz: "a cada momento, eu descubro que é indispensável estar aqui para melhor entender toda a atual realidade. Quinze anos de ausência exigem uma reaprendizagem e uma maior intimização com o Brasil de hoje" (FREIRE VOLTA..., 1979). Ora, nosso autor desembarca assim trazendo consigo um desejo profundo de reaprender sua realidade de origem, sua própria gente.

Dessarte, junho de 1980 marca o retorno definitivo de Paulo Freire ao Brasil. Em seu contexto de origem, dedicou os últimos anos de vida à produção acadêmica, à experiência universitária e à gestão político-pedagógica. Esse período foi marcado, assim, por uma intensa produção literária, da qual mencionamos duas obras de grande significado, por ocuparem lugar de destaque no *corpus* freiriano: a *Pedagogia da esperança* e a *Pedagogia da autonomia*.

No âmbito universitário, Paulo Freire foi docente vinculado ao Programa de Pós-Graduação da Pontifícia Universidade Católica de São Paulo (PUC-SP) e professor convidado da Universidade Estadual de Campinas (Unicamp), além de ter ministrado seminários e proferido conferências em diversas universidades, tendo participado, também, do Conselho Diretor da

Universidade de Brasília (UnB) (cf. FREIRE, A. M. A., 2017a, p. 235-248).

Na gestão política, a convite da então prefeita da cidade de São Paulo, Luiza Erundina (PT), Paulo Freire foi Secretário de Educação de janeiro de 1989 até maio de 1991, quando solicitou seu desligamento do cargo, após efetuar uma gestão humanizadora, ousada e inovadora[38].

Paulo Reglus Neves Freire faleceu na UTI do Hospital Albert Einstein, em São Paulo, capital, no dia 2 de maio de 1997.

Aos dezesseis dias do mês de abril de 2012, o Diário Oficial da União, Seção 1, página 1, é publicada a Lei n. 12.612, de 13 de abril de 2012, que declara o educador Paulo Freire *patrono da Educação brasileira*.

Finalizamos este capítulo, destacando uma lição fundamental do percurso que aqui apresentamos, qual seja, o ininterrupto devir da pedagogia freiriana. Na obra *Ação cultural para libertação e outros escritos*, Freire postula justamente esse aspecto fundamental de sua práxis:

---

38. Ana Maria Araújo Freire detalha as atividades de Paulo Freire como Secretário de Educação da cidade de São Paulo (ver 2017a, p. 249-266).

> Quanto aos outros, os que põem em prática a minha prática, que se esforcem para recriá-la, repensando também meu pensamento. E ao fazê-lo, que tenham em mente que nenhuma prática educativa se dá no ar, mas num contexto concreto, histórico, social, cultural, econômico, político, não necessariamente idêntico a outro contexto (p. 22).

As experiências do exílio e do retorno ao Brasil nos dizem da concretude dessa máxima, isto é, do necessário esforço de revisão e recriação da práxis freiriana a cada contexto e realidade emergentes. Isso posto, o ideário crítico em questão nos desafia a repensá-lo permanentemente e a escrevermos, assim, novos capítulos da pedagogia do(a) oprimido(a), da pedagogia dos seres humanos em processo de libertação.

Sexta lição

A pedagogia do oprimido

> *Estamos convencidos de que o diálogo com as massas populares é uma exigência radical de toda revolução autêntica. Ela é revolução por isto.*
> Paulo Freire

Inicialmente, é mister destacar que a constituição de uma pedagogia do(a) oprimido(a)[39]

---

[39]. Optamos, neste livro, por intercambiar as flexões de gênero em expressões como pedagogia do(a) oprimido(a) e/ou pedagogia da(o) oprimida(o), dentre outras, em face de uma importante ponderação de Freire na *Pedagogia da esperança* que, com propriedade, revisa o problema da linguagem utilizada na *Pedagogia do oprimido*: "daquela data até hoje me refiro sempre a mulher e homem ou seres humanos. Prefiro, às vezes, enfeiar a frase explicitando, contudo, minha recusa à linguagem machista" (FREIRE, P., 2016b, p. 68). Dessarte, embora Freire tenha posteriormente reconhecido os problemas da utilização de uma linguagem com contornos sexistas, as citações dos excertos freirianos serão realizadas tal como publicadas, mas compreendidas à luz do que se expõe aqui.

compreende um complexo projeto filosófico, sociológico e pedagógico, de caráter humanista, irredutível à escrita de uma determinada obra. Com efeito, Ana Maria Araújo Freire afirma que:

> A "pedagogia do oprimido" traduz a leitura de mundo de Paulo Freire, carregada da paixão pela vida, dialeticamente relacionando emoção e razão, teoria e prática, explicitadas por meio da indignação e do amor, da denúncia e da esperança, dos limites e da liberdade, da ética e da estética, da palavração e da práxis. É a sua identidade maior, profunda, plena e vibrante. Enfim, a "pedagogia do oprimido" como um todo, e não só a *Pedagogia do oprimido*, é a síntese da vida de Paulo Freire, de seu modo de viver e entender o mundo (2017b, p. 29-30).

Ainda nessa mesma perspectiva é que o teólogo Leonardo Boff, no prefácio da obra *Pedagogia da esperança*, assevera:

> *Pedagogia do oprimido* é mais que um livro, é antes uma prática pedagógica que, num momento de seu processo de constituição, ganhou corpo numa escritura. Prática pedagógica que parte de uma clara opção ético-humanística prévia: o amor ao ser humano oprimido contra a sua opressão e em favor da vida e da liberdade (p. 9).

Isso posto, na presente lição, pretende-se realizar uma aproximação introdutória ao livro propriamente dito, *Pedagogia do oprimido*[40]. Com efeito, a referida obra tem quatro capítulos, precedidos, porém, de um breve, mas importante exórdio, "Primeiras Palavras". Ora, nessa parte introdutória do livro, estão presentes conceitos caros à reflexão freiriana, quais sejam, a consciência crítica e o manifesto medo da liberdade (cf. p. 53), a práxis como unidade dialética entre objetividade e subjetividade (cf. p. 57), o problema do sectarismo reacionário (cf. p. 56-59), e, por fim, a radicalidade revolucionária (cf. p. 59). Com efeito, essas noções ressoam, implícita ou explicitamente, em outros contextos no decorrer da obra.

O livro em si logrou o *status* de obra clássica de inegável repercussão mundial[41]. Na *Pedagogia do oprimido*, Freire desvela, de modo *sui generis*, a dimensão política do fenômeno

---

40. Essa lição consiste em adaptação de uma resenha, de nossa autoria, de *Pedagogia do oprimido*, originalmente publicada no periódico acadêmico *Filosofia & Educação,* da Unicamp.

41. Freire, nas palavras de Samuel Escobar, "é um mestre forjador de aforismos incisivos, frases brilhantes e ideais para serem citados" (1993, p. 2, tradução nossa). Apesar dos contributos históricos da obra serem, de fato, imensuráveis, Frei Betto nos sugere, de maneira provocativa, designá-la como "revolução copernicana em matéria educativa" (2008, p. 37).

educativo. A despeito da natureza conceitual e da própria complexidade do problema, a referida obra tornou-se irredutível a qualquer forma de especulação estéril. A proposta pedagógica de Freire consiste em uma educação dialógica, participante, problematizadora e emancipatória, que visa à conscientização, ou seja, à práxis histórica libertadora. Desse modo, o projeto freiriano consiste em uma pedagogia contextualizada, isto é, forjada a partir da classe oprimida, de sua linguagem, valores e desafios históricos e existenciais.

No primeiro capítulo, Freire expõe a contradição opressor(a)-oprimido(a), constituída na realidade objetiva. Ora, a opressão é descrita como uma constituição social desumanizante, um processo histórico, em vez de um destino manifesto. A opressão diz respeito, assim, a uma ordenação injusta, a uma violência que conduz, inclusive, os opressores a uma condição de distorção da própria humanidade: "a desumanização, que não se verifica apenas nos que têm sua humanidade roubada, mas, também, ainda que de forma diferente, nos que a roubam, é distorção da vocação do ser mais" (p. 62).

Nesse cenário, em que consiste, então, o que fazer histórico e humanista da classe oprimida? Segundo Freire, constitui tarefa inalienável, destinada à classe oprimida, o ato de libertar-se a si mesma e aos opressores. Contudo, esse ato de libertação deve ser interpretado à luz de uma importante máxima freiriana, qual seja, "os homens se libertam em comunhão" (p. 95). A luta histórica por libertação vem a ser, desse modo, luta de classe; uma luta coletiva em prol da humanização dos seres humanos que, em razão das relações opressoras inatas no sistema capitalista, encontram-se desumanizados.

Com efeito, a pedagogia da práxis[42] consiste em dois momentos distintos:

> O primeiro, em que os oprimidos vão desvelando o mundo da opressão e vão comprometendo-se, na práxis, com a sua transformação; o segundo, em que, transformada a realidade opressora, esta pedagogia deixa de ser do oprimido e passa a ser a pedagogia dos homens em processo permanente da libertação (p. 74).

Entretanto, Freire enfatiza um importante problema, qual seja, os(as) oprimidos(as) podem, amiúde, hospedar em si a figura do(a) próprio(a) opressor(a), constituindo-se, parado-

---

42. A pedagogia da(o) oprimida(o) é fundamentalmente uma pedagogia da práxis, isto é, da ação/reflexão que visa à transformação histórico-social.

xalmente, como seres duplos. O comportamento da(o) oprimida(o) se configura, dessa maneira, em um viés prescritivo, em uma introjeção da consciência do(a) opressor(a), em um desejo de tornar-se semelhante àquele(a) que a(o) oprime, vivenciando, assim, um estado de alienação e fatalismo. Há, portanto, entre os(as) oprimidos(as), um medo da liberdade, um medo de assumi-la, enquanto, entre os(a) opressores(as), reside um medo de perdê-la, de não serem mais livres para oprimir (cf. p. 65-70). Com efeito, de acordo com Freire, "a libertação é, por isto, um parto. E um parto doloroso" (p. 70), porém, inevitável, pois, na luta pela redenção, os(as) oprimidos(as) deverão se valer apenas de si mesmos(as) como modelo de sua libertação (cf. p. 78).

Assim, a libertação não resulta do dirigismo, da propaganda ou de qualquer forma de manipulação, mas da irrupção da consciência crítica da realidade. Para uma pedagogia da libertação, torna-se imprescindível a crença no(a) oprimido(a), ou seja, a confiança de que a classe oprimida é capaz de libertar a si mesma a partir da práxis. Caso se negue essa fé no humano, em sua capacidade de refletir criticamente e agir sobre a realidade, encerra-se, pois, a própria possibilidade do diálogo (cf. p. 89). Nesse sentido, Freire postula então que "a ação política junto aos oprimidos tem de ser, no fundo, "ação cultural", para a liberdade, por isto mesmo, ação com eles" (p. 97).

No segundo capítulo, o autor problematiza a educação antidialógica e mecanicista que, na obra, assume a alcunha de *educação bancária*. Com veemência, Freire investe contra o pressuposto da educação enquanto descrição da realidade em um viés estritamente estático e alheio à situação existencial dos educandos. Ora, a educação bancária, em sua única margem de ação, a de memorização de conteúdos desconectados da realidade, é, em si mesma, um instrumento da ideologia da opressão.

Na medida em que anula o poder criador dos educandos ou o minimiza, estimulando sua ingenuidade, em vez de sua criticidade, essa visão "bancária" satisfaz aos interesses dos(as) opressores(as): para estes, o fundamental não é o desnudamento do mundo, a sua transformação. O seu "humanitarismo", e não humanismo, está em preservar a situação de que são beneficiários" (p. 107-108).

A visão bancária se funda em uma concepção fictícia do humano como ser de mera acomodação e ajustamento, destinado a ser expectador, mas não recriador do mundo. Com efeito, o conhecimento seria uma doação, um depósito da pretensa sabedoria docente sobre o educando, numa atitude, então, antidialógica, de imposição de uma cultura do silêncio, da alienação e da absolutização da ignorância discente (cf. p. 105-106).

Freire contrapõe a essa educação bancária uma pedagogia problematizadora, libertadora e, necessariamente, dialógica, conforme expõe:

> Desta maneira, o educador já não é o que apenas educa, mas o que, enquanto educa, é educado, em diálogo com o educando que, ao ser educado, também educa. Ambos, assim, se tornam sujeitos do processo em que crescem juntos e em que os "argumentos de autoridade" já não valem (p. 120).

> Quanto mais se problematizam os educandos, como seres no mundo e com o mundo, tanto mais se sentirão desafiados. Tão mais desafiados, quanto mais obrigados a responder ao desafio (p. 122).

À vista disso, o diálogo se torna indispensável à inteligibilidade dos sujeitos cognoscentes. Nesse cenário, a máxima "ninguém educa ninguém, ninguém educa a si mesmo, os homens se educam entre si, mediatizados pelo mundo" (p. 97) encontra seu sentido e realização. A realidade é, portanto, mediação do ato cognoscente e *locus* da incidência da práxis que visa à humanização.

Na *Pedagogia do oprimido*, o humano é compreendido enquanto ser histórico, inconcluso, consciente de sua inconclusão e radicalmente aberto à busca inquieta e ao movimento de ser mais (cf. p. 126). Por conseguinte, uma pedagogia que reduz a educação a um *status* de memorização do conteúdo narrado, que cerceia a criatividade humana e desvincula a realidade existencial dos temas discutidos, é considerada por Freire como necrófila (cf. p. 115).

A educação reflete a estrutura do poder vigente. Conquanto a estrutura opressora não permita ser interpelada pelos "porquês", mas, inversamente, dificulte a possibilidade do diálogo, ainda assim, uma atitude dialógica que verse, inclusive, sobre a própria negação do diálogo (cf. p. 110) torna-se oportuna.

No terceiro capítulo, a inteligência freiriana aprofunda a questão da dialogicidade enquanto essência da educação como prática da liberdade. No âmago do diálogo, encontra-se a palavra. Ora, conforme Paulo Freire, a palavra comporta uma interação solidária e radical entre ação e reflexão. Dessa forma, a palavra verdadeira é, inevitavelmente, práxis (cf. p. 133).

Nesse sentido, a existência humana é profundamente marcada pela palavra:

> Existir, humanamente, é pronunciar o mundo, é modificá-lo. O mundo pronunciado, por sua vez, se volta problematizado aos sujeitos pronunciantes, a exigir deles novo pronunciar. Não é no silêncio que os homens se fazem, mas na palavra, no trabalho, na ação-reflexão (p. 134).

A dialogicidade a que Freire se refere, se constitui, necessariamente, no amor, na esperança, na humildade sincera e na crença no potencial humano de criação e recriação, de compromisso, de coragem e de liberdade. A constituição do diálogo se dá ao modo de um encontro humano para o ser mais e se efetiva no verdadeiro pensar, no pensar criticamente a realidade (cf. p. 136-140).

Na educação, o diálogo deverá marcar presença inclusive na investigação dos conteúdos programáticos. O conteúdo proposto não deverá ser, pois, um conjunto de informes impostos, depositados, senão uma devolução sistematizada, enriquecida e problematizada dos elementos fragmentados recebidos do povo (cf. p. 142).

Dessarte, tarefa do educador-educando é:

> propor ao povo, através de certas contradições básicas, sua situação

existencial, concreta, presente, como problema que, por sua vez, o desafia e, assim, lhe exige resposta, não só no nível intelectual, mas no nível da ação (p. 146).

A fonte do conteúdo programático é, por conseguinte, a própria realidade mediatizadora. A organização do conteúdo educacional ou da ação política se dá, então, a partir da situação existencial e concreta que desvela as aspirações populares (cf. p. 146).

A investigação oriunda da realidade vivencial inaugura, pois, a dialogicidade da educação como prática de liberdade. Esse movimento se projeta em direção ao que o autor chama de "universo temático do povo ou o conjunto de seus temas geradores" (p. 147). As palavras e os temas mais significativos das experiências populares são acolhidos, problematizados e, a partir daí, se desenvolve a sistematização dos conteúdos vivenciados por essas comunidades epistêmicas, conforme apresentamos nas lições anteriores sobre o "Método Paulo Freire". Irrompe daí, portanto, um conhecimento que se faz e refaz através da conscientização que, necessariamente, diz respeito à inserção crítica na realidade.

Assim, os temas não devem ser acolhidos como conteúdos fragmentados, desconectados e estáticos, mas em seu devir, em sua intrínseca relação dialética com seus opostos. A interação desse conjunto de temas, que se constitui, impreterivelmente, nas relações humano-mundo, é designada, então, como o universo temático de cada época (cf. p. 155). Desse modo, Freire insiste em que os temas têm origem na comunidade e, portanto, devem retornar ao povo como problemas a serem decifrados, e não como narrativas impostas (cf. p. 159).

Ainda nesse capítulo, Freire se detém nos meandros da antropologia filosófica[43]. De acordo com ele, "os homens, ao contrário do animal, não somente vivem, mas existem, e sua existência é histórica" (p. 151). O animal, incapaz de produzir sentido, vive em um presente esmagador, em um agora que se constitui como puro hábitat. O ser humano, por sua vez, faz do presente seu espaço histórico de ação transformadora (cf. p. 154-155).

O humano se distingue, assim, dos demais entes também em razão de sua capacidade de tomar a si mesmo e o mundo como objetos da própria consciência. Ademais, é característico das pessoas o enfrentamento de sua realidade, denominado pelo autor como "situações-limite"

---

43. Sobre esse tópico, dedicaremos maior atenção na nossa próxima lição.

(p. 153). Contudo, os obstáculos e as contradições em que as pessoas se encontram historicamente mergulhados, não são, para si, uma sentença capital. Diante, pois, das situações-limite, os seres humanos são capazes de exercer uma postura decisória no mundo, "do qual o ser se 'separa', e, objetivando-o, o transforma com sua ação" (p. 153).

De acordo, então, com Freire, os temas geradores se encontram em estreita relação com as situações-limite que, uma vez superadas pelos "atos-limite", dão espaço ao "inédito viável", isto é, à utopia possível (cf. p. 146-147).

Do que se expôs até aqui, o autor postula a libertação como tema gerador indispensável de "nossa época" (p. 158), além, é claro, do conceito antropológico de cultura (cf. p. 192-193), pois:

> Na proporção em que discutem o mundo da cultura, vão explicitando seu nível de consciência da realidade, no qual estão implicitados vários temas. Vão referindo-se a outros aspectos da realidade, que começa a ser descoberta em uma visão crescentemente crítica. Aspectos que envolvem também outros tantos temas (p. 193).

No capítulo final, o autor versa sobre as teorias de ação antidialógica e de ação dialógica.

Inicialmente, ele retoma a questão da singularidade humana. Diferente dos animais, que se encontram completamente mergulhados no mundo, como seres de puro fazer, os seres humanos são seres de práxis, podem conhecer o mundo e transformá-lo pelo trabalho (cf. p. 195).

A práxis, em Paulo Freire, faz-se irredutível ao esforço ativista e ao simples verbalismo. Ademais, seria um erro conceber a práxis em momentos distintos, ou seja, ora em ação, ora em reflexão (cf. p. 201). Imersos nesse equívoco se encontram os falsos realistas e os famigerados idealistas. Ambos dicotomizam a práxis, estes privilegiando a reflexão, enquanto aqueles, a ação (cf. p. 204).

No criticismo freiriano, a práxis diz respeito a uma relação dialética ação/reflexão que visa à libertação. Ora, nas páginas iniciais desse capítulo, a práxis é reafirmada pelo autor, à luz do diálogo, como essência da revolução: "estamos convencidos de que o diálogo com as massas populares é uma exigência radical de toda revolução autêntica. Ela é revolução por isto" (p. 200). Povo oprimido e liderança revolucionária se unem intrínseca e dialeticamente na práxis.

Portanto, a teoria da ação antidialógica é pensada a partir de suas características: "a conquista", "dividir para manter a opressão", "a manipulação" e a "invasão cultural" (p. 214). A conquista é uma redução da pessoa do dominado, de sua visão de mundo a uma coisa de somenos. Ora, o que se põe aqui em questão não se restringe a uma ação de dominação econômica, mas se manifesta também na dimensão cultural: "roubando ao oprimido conquistando sua palavra também, sua expressividade, sua cultura" (p. 215).

A divisão para manutenção da opressão consiste, ela mesma, em um instrumento potencializador da alienação, pois, "quanto mais se pulverize a totalidade de uma área em 'comunidades locais' […], tanto mais se intensifica a alienação. E, quanto mais alienados, mais fácil dividi-los e mantê-los divididos" (p. 200).

Por seu turno, a manipulação é um instrumento para a manutenção do *status quo*, para a massificação e para a ilusão popular: "a manipulação se faz por toda a série de mitos a que nos referimos. Entre eles, mais este: o modelo que a burguesia se faz de si mesma às massas com possibilidade de sua ascensão" (p. 227). Entretanto, Freire também alerta que, "enquanto populista, porém, na medida em que simplesmente manipula em lugar de lutar pela verdadeira organização popular, este tipo de líder em pouco ou quase nada serve à revolução" (p. 231).

A invasão cultural, por fim, presta serviço à dominação. Nesse sentido, tem natureza díade: é ela mesma dominação e, simultaneamente, tática de dominação (cf. p. 235). Por meio dela, instaura-se uma posse do invadido, justificando, ao mesmo tempo, a dominação em razão da suposta superioridade intrínseca do invasor.

> Desrespeitando as potencialidades do ser a que condiciona, a invasão cultural é a penetração que fazem os invasores no contexto cultural dos invadidos, impondo a estes sua visão do mundo, enquanto lhes freiam a criatividade, ao inibirem sua expansão (p. 234).

A reflexão freiriana se encerra, então, contrapondo as características da ação antidialógica às da ação dialógica. São elas a "colaboração", a "união", a "organização" e a "síntese cultural" (p. 257). Enquanto na dominação existe uma relação de coisificação do dominado, na colaboração há um movimento de cooperação em que os sujeitos se encontram para a transformação da realidade (cf. p. 257). A liderança revolucionária, portanto, deverá estar em relação de íntima comunhão com o povo (cf. p. 259). Nesse cenário, encontra-se, ademais, a união para a libertação. Na superação da divisão, institui-se a possibilidade de conscientização crítica das massas, de reconhecimento de si como classe oprimida (cf. p. 259). A organização é uma dimensão pedagógica em que liderança e povo desenvolvem juntos o aprendizado e a ação. Nas palavras de Freire, "se, para a elite dominadora, a organização é a de si mesma, para a liderança revolucionária, a organização é a dela com as massas populares" (p. 273). Finalmente, na síntese cultural, instaura-se a superação da cultura opressora e alienante. Aqui, chega-se a termo o problema das diferenças de visão de mundo das lideranças e das massas. Não em um esforço de esforço de negação das diferenças, mas de rejeição da imposição de uma à outra (p. 259). Conforme Freire, a superação da imposição cultural sobre as(os) oprimidas(os) é uma exigência axiomática para a libertação: "neste sentido é que toda revolução, se autêntica, tem de ser também revolução cultural" (p. 276).

Ao modo de conclusão, a despeito da observância de certa prolixidade na obra, *Pedagogia do oprimido* se constitui, em definitivo, como espólio da inteligência nacional. Com excelência, Freire aponta o caráter eminentemente pedagógico da luta social revolucionária, assentando suas bases na conscientização popular, exercida nos limites da práxis dialógica. Outra conquista da reflexão freiriana, digna de nota, dá-se na problematização de se desassociar radicalmente vida e política, saber e prática, aquisição de instrumentos conceituais, espirituais e simbólicos daqueles que historicamente mundanizam o processo de luta e emancipação da classe oprimida.

Além disso, a originalidade da obra claramente se manifesta no modo como Freire interpretou a especificidade do contexto político-pedagógico de sua época sem perder, contudo, o horizonte de diálogo com importantes pensadores(as) da humanidade, como Karl Marx, György Lukács, Erich Fromm, Jean-Paul Sartre, Reinhold Niebuhr, Simone de Beauvoir, entre outros(as).

Paulo Freire desenvolve, portanto, uma teoria da ação na conquista por liberdade e condições de vida digna. Nela, a classe oprimida torna-se protagonista de sua própria libertação a partir da consciência crítica, compreendida não como pura abstração, mas como práxis. Vida e teoria, intelectualidade e sensibilidade, revolta e amor, termos unidos em uma relação dialética que visa ao comprometimento com a transformação da realidade, de sua ainda atual configuração injusta, violenta e desumanizadora.

Sétima lição

A antropologia filosófica[44]

> *Não é possível fazer uma reflexão sobre o que é a educação sem refletir sobre o próprio homem.*
> Paulo Freire

Conforme apresentamos na lição anterior, a pergunta pelo ser humano se coloca como uma questão fundamental para a pedagogia do(a) oprimido(a). Ora, essa complexa questão interpelou profundamente não apenas nosso autor, mas também diversos expoentes da história da filosofia. Na contemporaneidade, entretanto, a antropologia filosófica, seja como uma disciplina específica ou como questão geral, tem sido alvo de muitos questionamentos[45].

---

44. A presente lição consiste na adaptação parcial de nosso artigo "Filosofia e educação: liberdade, alteridade e inconclusão em Paul Ricoeur e Paulo Freire".

45. Com efeito, mencionamos aqui, como exemplo, a crítica de Heidegger à antropologia filosófica. Segundo ele, uma

No entanto, somos compelidos a reconhecer que os postulados quanto à formação humana dependem, necessariamente, da concepção que se tem do que é o ser humano. As teorias pedagógicas não podem ser desvinculadas da investigação acerca do humano. Nesse sentido, na obra *Educação e mudança*, o próprio Freire nos adverte que:

> Não é possível fazer uma reflexão sobre o que é a educação sem refletir sobre o próprio homem. Por isso, é

antropologia entendida como ontologia do ser humano deve ser contestada (cf. VAZ, 2010, p. 128). O esforço de desenvolvimento de uma suposta ontologia do ser humano implica a aceitação de um possível esquema ontoteológico. A crítica dele se baseia nas limitações de se alcançar um pensamento abrangente com respeito ao ser humano, razão pela qual este tornou-se um problema para si mesmo (cf. HEIDEGGER, 1991). Henrique C. de Lima Vaz, sobre o problema da antropologia na filosofia contemporânea, afirma que, "no panorama da filosofia contemporânea, a Antropologia filosófica [...], permanece problemática. A crítica de Heidegger, na qual se contrapôs exatamente a Max Scheler, agiu poderosamente no sentido das dúvidas lançadas sobre a legitimidade filosófica de uma antropologia entendida como *ontologia* do homem. É, portanto, com reservas que se pode falar de 'modelos de antropologia filosófica contemporânea', sendo talvez mais prudente falar, como Max Müller, de modelos de 'imagens do homem' em perspectiva filosófica. Seja como for, se admitirmos que toda filosofia postula uma *ontologia*, implícita ou tematicamente explicitada, sentimo-nos autorizados a falar de 'modelos da Antropologia filosófica', em cujas linhas é possível sempre ler uma resposta à pergunta ontológica fundamental *o que é o homem?*" (2010, p. 128-129, grifos do autor).

> preciso fazer um estudo filosófico-antropológico. Comecemos por pensar sobre nós mesmos e tratemos de encontrar, na natureza do homem, algo que possa constituir o núcleo fundamental onde se sustente o processo de educação (p. 33).

Então, anterior a qualquer teoria pedagógica, impõe-se uma compreensão antropológico-filosófica. Por essa razão, a pergunta pelo ser humano é indeclinável. Comecemos, portanto, por considerar uma importante questão, a saber, a liberdade enquanto aspecto constitutivo do ser humano.

Todavia, é mister ponderar, *a priori*, que as concepções que se têm de liberdade usualmente se encontram em um horizonte sobremodo amplo; quiçá a própria palavra "liberdade", de alguma forma, nos conduza imediatamente à imagem de uma moeda gasta da terminologia filosófica. Desse modo, é fundamental uma maior explicitação de seu sentido e significação, a fim de reconhecermos, nos limites da aspiração deste ensaio, as aproximações e divergências conceituais que gravitam em torno dela.

Outrossim, a pergunta pelo humano e, consequentemente, o debate quanto à ideia de liberdade para a ação do sujeito são inquietações demasiado caras ao postulado filosófico de Paulo Freire[46]. A liberdade consiste, para o criticismo freiriano, em uma dimensão constitutiva do ser gente, isto é, do ser plenamente humano. Embora situado histórica e culturalmente, o sujeito não é mero ser de acomodação à realidade, de pura passividade e sujeição.

De acordo com Freire, o humano é um ser de linguagem, que pronuncia o mundo e interfere sobre a realidade vivida. Ainda, ser que se faz na criação cultural, um ser de trabalho e práxis, e, por conseguinte, artífice de sua própria história. Contudo, a questão aqui não diz de um reducionismo do sujeito a um puro fazer, mas, conforme destacamos, a ênfase freiriana repousa na dimensão de ação criativa e da possibilidade de transformação inerente à inconclusão, traço da humanidade.

---

46. Ora, sem qualquer receio, Freire expressa claramente sua primordial inquietação filosófica com a seguinte revelação: "jamais abandonei a minha preocupação primeira, que sempre me acompanhou, desde os começos de minha experiência educativa. A preocupação com a natureza humana a que devo a minha lealdade sempre proclamada. Antes mesmo de ler Marx já fazia minhas as suas palavras: já fundava a minha radicalidade na defesa dos legítimos interesses humanos. Nenhuma teoria da transformação político-social do mundo me comove, sequer, se não parte de uma compreensão do homem e da mulher enquanto seres fazedores da história e por ela feitos, seres da decisão, da ruptura, da opção (FREIRE, P., 2015b, p. 125-126).

O ser humano é, assim, um ser histórico. Nesse sentido, como observa Paulo Freire: "não há realidade histórica – mais outra obviedade – que não seja humana. Não há história sem homens, como não há uma história para os homens, mas uma história de homens que, feita por eles, também os faz, como disse Marx" (2016c, p. 203). Na continuação desse excerto, Freire nos adverte que "é precisamente, quando – às grandes maiorias – se proíbe o direito de participarem como sujeitos da história, que elas se encontram dominadas e alienadas" (2016c, p. 204).

A liberdade, portanto, de acordo com a perspectiva freiriana, diz respeito ao potencial humano de criação, recriação e decisão, de mudança e transformação na história. Ora, conforme Freire: "toda vez que se suprime a liberdade, fica ele um ser meramente ajustado ou adaptado" (2014b, p. 59). É na dimensão do vir-a-ser humano e de todas as possibilidades inerentes a tal devir que a ideia de liberdade encontra sua significação.

A luta humana consiste, então, no resguardo de sua própria liberdade, ou seja, na superação das forças que, por vias, subjugam o sujeito ao estado de domesticação, acomodação e subserviência, relegando-o, assim, a um papel de mero espectador da história. Nesse cenário, o debate em torno da liberdade é situado à luz das condições sociais, políticas e econômicas que oportunizam ou não o exercício do que referencia esse termo.

Dessarte, diz-nos Freire:

> Uma das grandes, se não a maior, tragédia do homem moderno, está em que é hoje dominado pela força dos mitos e comandado pela publicidade organizada, ideológica ou não, e por isso vem renunciando cada vez, sem o saber, à sua capacidade de decidir. Vem sendo expulso da órbita das decisões. As tarefas de seu tempo não são captadas pelo homem simples, mas a ele apresentadas por uma "elite" que as interpreta e lhes entrega em forma de receita, de prescrição a ser seguida. E, quando julga que se salva seguindo as prescrições, afoga-se no anonimato nivelador da massificação, sem esperança e sem fé, domesticado e acomodado: já não é sujeito. Rebaixa-se a puro objeto (2014b, p. 60-61).

De acordo com Paulo Freire, urge, enquanto tarefa humanista, a necessidade histórica de enfrentamento dos sistemas políticos, econômicos e sociais injustos e opressores, que cerceiam a liberdade, a vocação humana de ser sujeito ativo na construção da própria humanidade[47].

---

47. O problema da luta de classes é, portanto, fundamental para o postulado humanista freiriano. Segundo Freire, "na ver-

O reconhecimento da liberdade como uma dimensão fundamental de ser humano implica, portanto, a superação da resignação histórica diante da violência de coisificação de outrem. Devemos reconhecer que,

> se levarmos às últimas consequências a compreensão da história enquanto "fatalismo libertador", prescindiremos da luta, do empenho para a criação do socialismo democrático, enquanto empreitada histórica. Somem, assim, a ética da luta e a boniteza da briga (FREIRE, P., 2016b, p. 71).

A liberdade se realiza, assim, na feitura do drama histórico, do devir. Todavia, embora seja uma exigência necessária, a superação concreta e objetiva dos aspectos sociais, econômicos e políticos que se impõem como empecilhos ao exercício do devir humano, por si mesma, não é suficiente. Existe, portanto, uma dimensão subjetiva da liberdade que não pode ser olvidada.

Com efeito, em uma acepção subjetiva, Paulo Freire considera a liberdade irredutível aos contornos da licenciosidade. De modo algum, a

---

dade, não há humanização sem libertação, assim como não há libertação sem transformação revolucionária da sociedade de classes, em que a humanização é inviável" (FREIRE, P., 2015a, p. 201).

liberdade implica uma volição irrestrita. Inversamente, a vontade ilimitada é despótica. O exercício irrestrito da vontade é negação da alteridade e da própria liberdade. Por conseguinte, a vontade desmedida é deletéria e, por essa razão, Freire a compreende como tão nociva quanto a "liberdade asfixiada ou castrada" (2015b, p. 103).

Podemos exemplificar o problema da vontade nefasta a partir do que a obra *Pedagogia do oprimido* denomina introjeção da sombra do opressor no oprimido. Nesse simulacro interiorizado, reside o medo da autonomia, da ação livre e responsável:

> Os oprimidos, que introjetam a "sombra" dos opressores e seguem suas pautas, temem a liberdade, à medida em que esta, implicando na expulsão desta sombra, exigiria deles que "preenchessem" o "vazio" deixado pela expulsão, com outro "conteúdo" – o de sua autonomia. O de sua responsabilidade, sem o que não seriam livres (FREIRE, P., 2016c, p. 68).

A vontade do(a) oprimido(a) de se tornar imagem e semelhança do(a) opressor(a) não é, assim, exercício da liberdade, mas sua negação, sob pena capital de desumanização. Dessa forma, a aspiração, de natureza capitalista, em que o(a) oprimido(a) visa à realização de si a partir de uma inautêntica ascensão que, todavia, lhe confira a posição de opressão e desumanização de outrem, não é, de modo algum, vontade livre, mas deturpada, prescrita.

Na verdade, o quadro que ora descrevemos, isto é, do desejo realizável na assimilação da lógica opressora, opõe-se diametralmente ao exercício da vontade livre. Em oposição à liberdade, tal aspiração se institui como imposição de uma consciência (do(a) opressor(a)) sobre a outra (do(a) oprimido(a)); por isso mesmo, prescrição, alienação. O desejo, pois, que implica a negação de outrem, de sua humanidade, de seu próprio ser, para atender a empáfia de si mesmo, não é liberdade autêntica, mas vontade trágica, perniciosa. A liberdade implica, por conseguinte, a ruptura radical com a vontade prescritiva e escravagista dos(as) opressores(as), com o desejo de conservação da lógica de exploração social vigente. Nesse sentido, forçosamente nos exige o abandono de uma existência inautêntica fundada na colonização da consciência – alienação.

Todavia, a distinção entre liberdade e volição deletéria deve ser buscada fora do universo freiriano. A tradição cristã em que se situa Paulo Freire havia, séculos antes, assinalado essa distinção.

> No Ocidente, as ideias de liberdade como vocação humana e de contradição entre os desejos alienados e a verdadeira liberdade encontram suas raízes no pensamento do apóstolo Paulo. Ele foi o grande anunciador da liberdade: "Foi para a liberdade que Cristo nos libertou" (Gl 5). Comblin, um dos teólogos da libertação que mais tem trabalhado o tema da liberdade, diz que para Paulo a liberdade não se alcança satisfazendo os desejos imediatos e alienantes, mas no encontro com outras pessoas, no serviço da vida do próximo e da libertação (SUNG, 2010, p. 289).

Em suma, Freire reconhece o embate em prol da liberdade a partir de duas esferas concomitantes, a saber, a dimensão da interioridade humana, que compreende o desejo e a consciência, e a dimensão sociopolítica e econômica. A liberdade, ainda que originária, isto é, constitutiva do humano, realiza-se efetivamente como uma conquista da luta histórica pela libertação de si, do outro e do mundo (cf. SUNG, 2010, p. 290). Nas palavras de Freire:

> A liberdade, que é uma conquista, e não uma doação, exige uma permanente busca. Busca permanente que só existe no ato responsável de quem a faz. Ninguém tem liberdade para ser

livre: pelo contrário, luta por ela precisamente porque não a tem. Não é também a liberdade um ponto ideal, fora
dos homens, ao qual inclusive eles se
alienam. Não é ideia que se faça mito.
É condição indispensável ao movimento de busca em que estão inscritos os homens como seres inconclusos
(2016c, p. 68-69).

Ora, a discussão filosófico-antropológi-
ca desenvolvida pelo nosso autor nos aponta,
também, para a questão da relação com outrem.
Paulo Freire considera a alteridade imprescindível ao próprio eu. É justamente no encontro, na comunhão, no exercício dialógico de
pronúncia e escuta da palavra que os seres humanos se constituem como tais. A significação
do diálogo não se dá na anulação da identidade
de si mesmo ou de outrem. A abertura dialógica não consiste em conversão de si ao outro,
porém, nas diferenças, abertura radical de alteridade e acolhimento. O outro não é simples
negação do eu, mas sua condição de realização:
"é a 'outredade' do não eu, ou do tu, que me
faz assumir a radicalidade do meu eu" (2015b,
p. 42). Ademais, explicita Paulo Freire:

O eu dialógico, pelo contrário, sabe
que é exatamente o tu que o constitui.
Sabe também que, constituído por um

tu – um não eu –, esse tu que o constitui se constitui, por sua vez, como eu, ao ter no seu eu um tu. Desta forma, o eu e o tu passam a ser, na dialética destas relações constitutivas, dois tu que se fazem dois eu. Não há, portanto, na teoria dialógica da ação, um sujeito que domina pela conquista e um objeto dominado. Em lugar disto, há sujeitos que se encontram para a pronúncia do mundo, para a sua transformação. Se as massas populares dominadas, por todas as considerações já feitas, se acham incapazes, num certo momento histórico, de atender a sua vocação de ser sujeito, será, pela problematização de sua própria opressão, que implica sempre numa forma qualquer de ação, que elas poderão fazê-lo (2016c, p. 257-258).

Desde já, o conceito de alteridade, com cuja problematização Freire se ocupa, não é mera expressão abstrata, destituída de um rosto, mas palavra vívida, que encontra significação, acima de tudo, no clamor da classe oprimida. A face da alteridade é aquela do(a) pobre, dos(as) excluídos(as), das(os) que são desumanizadas(os) e coisificadas(os). Então, a alteridade constitui abertura radical a outrem por meio da comunhão e do diálogo, visando à luta por justiça e humanização.

A ênfase em uma contínua conquista pela humanização implica que os seres humanos, diferente dos demais animais, não dispõem de um *modus vivendi* simplesmente determinado no nascimento. De outro modo, os humanos são seres inconclusos e conscientes da própria inconclusão. Seres de transcendência[48] que, para além dos condicionamentos socioculturais, realizam-se no devir da história. Dessarte, a humanização é um progressivo e incessante empenho de realização de si na história, vista sempre como devir.

A antropologia freiriana nos diz de uma vocação ontológica dos seres humanos, mas que, todavia, não encerra o humano em conceitos metafísicos inexoráveis, essencialistas. O que Paulo Freire propõe com isso logra ser, na verdade, uma abertura do sujeito ao ser mais, ao ser plenamente humanizado, conquanto essa vocação se dê à luz do que se havia postulado até aqui, ou seja, "humanização e desumanização, dentro da história, num contexto real, concreto, objetivo, são possibilidades dos homens como seres inconclusos e conscientes de sua inconclusão" (2016c, p. 62).

---

48. "Ademais, é o homem, e somente ele, capaz de transcender [...]. A sua transcendência está também, para nós, na raiz de sua finitude. Na consciência que tem desta finitude" (FREIRE, P., 2014b, p. 56).

A humanização do sujeito, isto é, sua vocação ontológica, é, por conseguinte, uma possibilidade histórica, daí a ênfase na necessidade de luta efetiva por libertação do estado de opressão e coisificação que reduz o(a) outro(a) à condição de desumanização, de ser menos:

> A minha raiva, minha justa ira, se funda na minha revolta em face da negação do direito de "ser mais" inscrito na natureza dos seres humanos. Não posso, por isso, cruzar os braços fatalistamente diante da miséria, esvaziando, desta maneira, minha responsabilidade no discurso cínico e "morno", que fala da impossibilidade de mudar porque a realidade é mesmo assim. O discurso da acomodação ou de sua defesa, o discurso da exaltação do silêncio imposto de que resulta a imobilidade dos silenciados, o discurso do elogio da adaptação tomada como fado ou sina é um discurso negador da humanização de cuja responsabilidade não podemos nos eximir" (FREIRE, P., 2015b, p. 73-74).

À luz disso, Freire problematiza os fundamentos antropológicos e filosóficos da educação. A célebre crítica freiriana à educação bancária, isto é, tecnicista, justifica-se fortemente em virtude dos problemas filosóficos e antropológicos subjacentes a tal concepção pedagógica. Nesse sentido, uma educação que pressupõe o humano enquanto ser de ajustamento, de acomodação, incapaz de transformação e que, além disso, tem como única margem de ação pedagógica a memorização de conteúdos desconectados da realidade, consiste, em si mesma, em um instrumento ideológico de opressão.

Por isso, Freire investe contra o pressuposto da educação enquanto descrição da realidade, em um viés puramente estático, fragmentada e alheia à condição humana, existencial. A recusa do desnudamento do mundo e do devir humano, e a imposição da cultura do silêncio são formas de instituição de uma pedagogia necrófila, alienante e de negação radical do humano.

Com efeito, a educação se realiza em razão da dimensão humana de inconclusão e de alteridade. Ora, sem a abertura à comunhão, ao diálogo, não há educação, pois, conforme destacamos anteriormente, "ninguém educa ninguém, ninguém educa a si mesmo, os homens se educam entre si, mediatizados pelo mundo" (FREIRE, P., 2016c, p. 97). Além disso, segundo Freire, o reconhecimento de nossa inconclusão é inevitável para a justificação racional da educação:

> É na inconclusão do ser, que se sabe como tal, que se funda a educação como

> processo permanente. Mulheres e homens se tornam educáveis na medida em que se reconheceram inacabados. Não foi a educação que fez mulheres e homens educáveis, mas a consciência de sua inconclusão é que gerou sua educabilidade (2015b, p. 57).

> Não haveria educação se o homem fosse um ser acabado. O homem pergunta-se: quem sou? de onde venho? onde posso estar? O homem pode refletir sobre si mesmo e colocar-se num determinado momento, numa certa realidade: é um ser na busca constante de ser mais e, como pode fazer esta auto-reflexão [sic], pode descobrir-se como um ser inacabado, que está em constante busca. Eis aqui a raiz da educação (2014a, p. 33-34).

Assim, a pedagogia do(a) oprimido(a) se vale ainda de outro importante conceito filosófico, que precisamos analisar nesta obra, qual seja, o de conscientização. Todavia, abordaremos essa questão de forma mais detida na nossa próxima lição.

Oitava lição

A conscientização

> *A conscientização não pode existir fora da "práxis", ou melhor, sem o ato ação-reflexão.*
> Paulo Freire

Nas lições anteriores, destacamos alguns aspectos filosóficos fundantes do criticismo freiriano. No entanto, um aspecto basilar da pedagogia do(a) oprimido(a) não foi suficientemente apresentado. Este é, portanto, nosso objetivo com a presente lição, mais especificamente: fazer uma aproximação mais detida do complexo conceito de conscientização em Paulo Freire.

Oportunamente, recordemos que, em nossa terceira lição, na análise dos pressupostos e das etapas fundamentais do "Método Paulo Freire", trouxemos à baila um importante postulado do professor Moacir Gadotti que, mais uma vez, desperta nosso interesse, qual seja, a afirmação de que "o objetivo final do Método é a conscientização. [...] A educação para a libertação deve desembocar na práxis transformadora, ato do educando, como sujeito, organizado coletivamente" (1991, p. 40). A compreensão adequada do conceito de conscientização em Paulo Freire vem a ser, desse modo, fundamental para a análise crítica e para a execução prática.

De princípio, compete-nos indagar pelo significado de conscientização em Paulo Freire. Este é, seguramente, um dos temas mais complexos e importantes do criticismo freiriano; quiçá também um dos temas mais olvidados, talvez intencionalmente desprezado, mas decerto muito mal compreendido.

Uma reflexão aprofundada da elaboração freiriana desse tema requer uma aproximação dialógica de expoentes filosóficos como Hegel, Karl Marx, György Lukács e Erich Fromm, além dos pesquisadores do Instituto Superior de Estudos Brasileiros, dentre outros(as)[49]. Entre-

---

49. "Costuma se pensar que sou o autor deste estranho vocábulo conscientização por ele ser central das minhas ideias sobre educação. [...] Quando ouvi pela primeira vez o termo conscientização, percebi imediatamente a profundidade do seu significado, pois estava absolutamente convencido de que a educação, como prática de liberdade, é um ato de conhecimento, uma abordagem crítica da realidade" (FREIRE, P., 2016a, p. 55).

tanto, o caráter introdutório do presente livro não possibilita reconstruir esse caminho aqui. Inclusive, seria muito pretencioso e irrefletido almejar desvelar as sutilezas e complexidades do conceito de conscientização em Paulo Freire em poucas páginas. Nossa intenção se resume à apresentação sumária de alguns direcionamentos fundamentais para uma compreensão inicial do conceito.

O termo "conscientização" está comumente envolto de uma concepção psicologizante que pouco corresponde à proposta freiriana. À primeira vista, parece-nos que a conscientização diz respeito única e exclusivamente a um estado mental. Uma compreensão psicológica sobre um estado de coisas do mundo, um retrato mental da realidade. Embora em Freire a conscientização tenha uma dimensão gnosiológica fundamental, ou seja, requer um saber sobre o mundo, todavia ela não se reduz a essa questão. Tal interpretação psicologizante e caricata, inclusive muito difundida em ambientes acadêmico-científicos, é, pois, deficitária e reducionista, além de criar uma falsa ideia de ruptura consciência-mundo[50].

_____

50. De acordo com Freire, "a 'conscientização' não tem como base uma consciência, de um lado, e um mundo, de outro;

> [...] a conscientização não consiste em "estar diante da realidade" assumindo uma posição falsamente intelectual. Ela não pode existir fora da práxis, ou seja, fora do ato ação-reflexão. Essa unidade dialética constitui, de maneira permanente, o modo de ser, ou de transformar o mundo, e que é próprio dos homens (FREIRE, P., 2016a, p. 56-57).

Isso posto, defenderemos, então, a definição de conscientização em Paulo Freire como *práxis*, isto é, ação-reflexão dialética transformadora[51]. Nesse mister, a finalidade última da pedagogia da(o) oprimida(o) é a conscientização como ação sempre refletida e, simultaneamente, como reflexão sempre posta em ação para a transformação social. Aqui, reflexão e ação se unem em um horizonte sempre dialético, que almeja a superação das relações de opressão, da contradição opressores(as)-oprimidos(as), da nefasta divisão social de classes.

---

aliás, ela não busca tal separação. Pelo contrário, está baseada na relação consciência-mundo" (FREIRE, P., 2016a, p. 57).

51. "É exatamente isso, a 'práxis humana', a unidade indissolúvel entre minha ação e minha reflexão sobre o mundo" (FREIRE, P., 2016a, p. 56).

Indubitavelmente, a questão gnosiológica assume dimensão capital, mas não se constitui, todavia, como a conscientização em si mesma. Não basta, assim, um saber sobre a realidade; é necessário que esse conhecimento esteja em plena comunhão com as ações exercidas no mundo. Do contrário, trata-se tão somente de "verbalismo, blá-blá-blá. Por tudo isto, alienada e alienante. É uma palavra oca, da qual não se pode esperar a denúncia do mundo, pois que não há denúncia verdadeira sem compromisso de transformação, nem este sem ação" (FREIRE, P., 2016c, p. 134).

Contrariamente, também não podemos nos furtar da reflexão sobre a realidade: dos estudos filosóficos e científicos rigorosos, do conhecimento da constituição socioeconômica da realidade humana, das razões históricas mais profundas das relações de opressão e da necessária luta de classes. Ora, "se, pelo contrário, se enfatiza ou exclusiviza a ação, com o sacrifício da reflexão, a palavra se converte em ativismo. Este, que é ação pela ação, ao minimizar a reflexão, nega também a práxis verdadeira e impossibilita o diálogo" (FREIRE, P., 2016c, p. 134). Ademais, "quanto mais refletir sobre a realidade, sobre sua situação concreta, mais ele 'emergirá', plenamente consciente, engajado, pronto a intervir sobre a realidade, a fim de mudá-la" (FREIRE, P., 2016a, p. 68).

Logo, a conscientização constitui, necessariamente, uma relação dialética e solidária entre conhecimento e ação. De outro modo, "qualquer destas dicotomias, ao gerar-se em formas inautênticas de existir, gera formas inautênticas de pensar, que reforçam a matriz em que se constituem" (FREIRE, P., 2016c, p. 134). A dimensão gnosiológica e a prática política compreendem, portanto, os dois lados da mesma moeda.

Em vista disso, podemos avançar um pouco na questão epistemológica. Esta encontra-se intrinsecamente conectada aos postulados da antropologia filosófica freiriana, ao humanismo filosófico que apresentamos brevemente nas lições anteriores. De acordo com Paulo Freire, a vocação ontológica do ser humano é a de ser sujeito, e não objeto. Ora, essa vocação não poderia realizar-se de outro modo senão pela reflexão crítica das condições histórico-sociais de sua realidade presente, de seu próprio contexto, "na medida em que o homem, integrado em seu contexto, reflete sobre este contexto e se compromete, constrói a si mesmo e chega a ser sujeito" (2016a, p. 69).

Nós, seres humanos, encontramo-nos, pois, no mundo, e não apenas nele, mas com ele e também com outrem. Somos, assim, seres concretamente situados em um processo de construção mútua, capazes de conhecer a existência de outras realidades que nos são exteriores e capazes também de reconhecer que a realidade não é um eterno presente, uma determinação inexorável, mas um vir-a-ser constante[52]. O conhecimento não se constitui, portanto, em uma realidade puramente abstrata, mas na concretude mundana da vida humana. Dessa forma, a complexidade do existir humano é inerente à produção de conhecimento.

Diante dos desafios e das adversidades da realidade mundana, o humano é interpelado a responder de forma original (cf. FREIRE, P., 2016a, p. 71). Ao responder os dilemas de seu contexto de vida, o ser humano realiza-se como sujeito, uma vez que "essa resposta exige dele reflexão, crítica, invenção, escolha, decisão, organização, ação etc., ou seja, coisas pelas quais a pessoa se constrói, e que fazem dela um ser não somente 'moldado' à realidade e aos outros, mas, sim, 'integrado'" (FREIRE, P., 2016a, p. 71).

Logo, em perspectiva freiriana:

---

52. Segundo Freire, "o mundo não é. O mundo está sendo" (2015b, p. 74).

É necessário que a educação seja adaptada – em seu conteúdo, seus programas e métodos – ao objetivo que se persegue, que é permitir ao homem tornar-se sujeito, construir-se como pessoa, transformar o mundo, firmar relações de reciprocidade com os outros homens, formar a própria cultura e fazer a história (2016a, p. 74).

A realidade só pode ser modificada se o homem descobrir que pode sim, e pode sê-lo por ele. Portanto, é preciso fazer dessa conscientização o objetivo fundamental da educação; é preciso, em primeiro lugar provocar uma atitude crítica, de reflexão, que leve à ação (2016a, p. 76).

Não obstante, Freire reconhece a complexidade aqui em jogo. A conscientização é fundamentalmente um processo de compromisso histórico[53], que, no entanto, não ocorre como fenômeno psicológico individual nem sequer se realiza como simples resultado da alfabetização ou da educação formal em si. Antes, é fenôme-

---

53. Nas palavras de Freire: "Por isso mesmo, a conscientização é um engajamento histórico. Ela é igualmente consciência histórica: por ser inserção crítica na história, ela implica que os homens assumam o papel de sujeitos que fazem e refazem o mundo. Ela exige que os homens criem sua existência com o material que a vida lhes oferece" (2016a, p. 57).

no coletivo, social, político e, por conseguinte, complexo e plurifacetado. Desse modo, a educação não é a resposta última para o desafio de conscientização; contudo, ela inegavelmente pode contribuir de maneira significativa para a superação das visões ingênuas da realidade, em direção, pois, a uma ação-reflexão crítica da classe trabalhadora.

Interessante observar que, nas obras *Educação como prática da liberdade*, *Ação cultural para liberdade e outros escritos* e *Conscientização*, Paulo Freire descreveu, *a priori*, três formas distintas de compreensão da realidade a partir de sua relação intrínseca com a dimensão histórico-cultural do mundo, sendo elas: i) *intransitiva ou semi-intransitiva*[54]; ii) *transitivo--ingênua*; e iii) *transitivo-crítica*.

---

54. Em *Educação como prática da liberdade*, Freire utiliza a expressão *consciência intransitiva*, ao passo que, nas obras *Ação cultural para liberdade e outros escritos* e *Conscientização*, o conceito aparece como *consciência semi-intransitiva*. Dessarte, parecem-nos duas expressões de certo modo distintas na grafia, mas que designam um mesmo nível de compreensão da realidade. Na literatura freiriana, é recorrente a presença de expressões outras relacionadas ainda aos diversos graus de compreensão da realidade aqui mencionados, entre elas: a consciência mágica, a consciência fanática etc. Mas, conforme pontuamos anteriormente, não seria possível nesta lição perpassar todas as sutilezas do ideário crítico freiriano sobre a conscientização.

A *(semi)intransitividade* da consciência refere-se a uma submersão humana em sua própria realidade, que inviabiliza, pois, tomar a realidade como objeto crítico. Essa limitação da apreensão da realidade é marcada pela

> impermeabilidade a desafios situados fora da órbita vegetativa. Neste sentido e só neste sentido, é que a intransitividade representa um quase incompromisso do homem com a existência. O discernimento se dificulta. Confundem-se as notas dos objetos e dos desafios do contorno e o homem se faz mágico, pela não captação da causalidade autêntica (FREIRE, P., 2014b, p. 82).

No entanto, essa apreensão limitada e limitante não corresponde a um fechamento absoluto do ser humano em si mesmo. Conforme Freire, "o homem, qualquer que seja o seu estado, é um ser aberto" (2014b, p. 82). Isso posto, o ser humano, ser inconcluso e radicalmente aberto à transcendência, é perfeitamente capaz de superar esses limites de compreensão da realidade e passar a uma "consciência de si, enquanto 'classe para si'" (FREIRE, P., 2015a, p. 77).

Freire enfatiza, ainda, a possibilidade de outro nível de compreensão, a saber, a consciência *transitivo-ingênua*. Esse é o nível de uma consciência dependente, incapaz de autonomia e que, apesar de reconhecer as contradições sociais, recorre às explicações fantásticas e/ou simplificadoras, além de imputar a outrem a responsabilidade de transformação da realidade. Não assume seu próprio compromisso ético e histórico de luta social. Desse modo, é consciência constituída como "consciência ingênua tão dominada como a precedente" (2016a, p. 116).

Assim, segundo a definição freiriana, a *consciência crítica* é

> mais que uma simples tomada de consciência, pressupondo ao mesmo tempo superação da 'falsa consciência', ou seja, de um estado de consciência semi-intransitivo ou transitivo-ingênuo, e uma melhor inserção crítica da pessoa conscientizada numa realidade desmitificada (2016a, p. 146).

Com efeito, é uma consciência autônoma, no sentido de que desafia a si mesma a aventurar-se no questionamento radical sobre a realidade e no engajamento político no horizonte da luta de classe.

Cumpre ressaltar, chegados ao termo desse debate, alguns aspectos da complexidade da questão: primeiramente, a mudança da consciência de modo algum precede ou sucede as transformações da realidade mundana. Ambas ocorrem simultaneamente, uma vez que não existe mundo sem consciência nem consciência sem mundo (cf. FIORI, 1992, p. 68).

Outro aspecto digno de nota é que Paulo Freire jamais atribuiu uma necessária progressão entre os graus de compreensão da realidade. Suas considerações não dizem de um caminho ascendente inevitável. Conforme ele,

> a consciência transitivo-ingênua tanto pode evoluir para a transitivo-crítica, característica da mentalidade mais legitimamente democrática, quanto pode distorcer-se para esta forma rebaixativa, ostensivamente desumanizada, característica da massificação (2014b, p. 87).

Ao fim e ao cabo, destacamos que, de acordo com Freire:

> A conscientização, enquanto atitude crítica dos homens na história, jamais acabará. Se os homens, como seres de ação, continuassem a "aderir" a um mundo "sobre qual se agiu", ficariam submersos numa "obscuridade" nova. A conscientização, que se apresenta como um processo que se dá num momento determinado, deve continuar, enquanto processo, no momento seguinte, durante o qual a realidade

transformada revela um novo perfil (2016a, p. 57-58).

Dessarte, não sem razão, a notável produção crítica do nosso autor, no que diz respeito às relações entre educação e a conscientização de classe, rendeu-lhe, também, o epíteto de *pedagogo da consciência*.

Nona lição

A pedagogia da autonomia

> *[...] ensinar não é transferir conhecimento, mas criar as possibilidades para a sua produção ou a sua construção.*
> Paulo Freire

Pedagogia da autonomia é, seguramente, uma das mais célebres obras de Paulo Freire. Escrita próxima do fim de sua vida, ela carrega o peso de sua maturidade intelectual, do acúmulo dos vastos anos de experiência prática e reflexão como educador-filósofo. No entanto, diferente do que se poderia imaginar de uma obra assim, ela não constituiu uma suma pedagógica, um complexo tratado sistematizador do ideário crítico freiriano. Doutro modo, assume um caráter inegavelmente mais despretensioso e popular, com linguagem acessível, quiçá poética, sem, contudo, perder seu caráter político e filosófico. Trata-se de uma obra profundamente marcada por esperança e amorosidade singulares.

Apesar desse caráter mais simples e popular, essa obra não assume posição inferior na literatura freiriana. Não apenas em razão de sua ampla circulação, em especial nos cursos de Pedagogia, mas porque se constitui como parte intrínseca da pedagogia do(a) oprimido(a), como uma dimensão fundamental do ideário filosófico e pedagógico freiriano. Não seria, portanto, um exagero considerá-la como mais um importante capítulo da pedagogia do(a) oprimido(a).

Contudo, não objetivamos nesta lição realizar uma profunda resenha crítica da *Pedagogia da autonomia*, senão trazer algumas importantes temáticas da pedagogia freiriana que ainda não destacamos com a devida atenção e que, todavia, estão presentes na referida obra. Vamos, assim, destacar algumas das muitas provocações desenvolvidas no livro.

No prólogo, "Primeiras palavras", Paulo Freire estabelece o tom da obra e nos apresenta seu o tema central, qual seja, "a questão da formação docente ao lado da reflexão sobre a prática educativo-progressiva em favor da autonomia do ser dos educandos" (p. 15).

De modo geral, Freire enfatiza na obra aspectos diversos do compromisso docente, especialmente no que diz respeito às dimensões ética, estética, epistemológica e política do quefazer do educador e da educadora. A prática docente implica uma abertura generosa ao aprendizado, à pesquisa rigorosa, à valorização da diversidade de saberes, dado que "quem ensina aprende ao ensinar e quem aprende ensina ao aprender" (p. 25). Uma vez mais, Freire destaca o equívoco epistemológico da educação neoliberal, conservadora e autoritária, denominada *educação bancária*. Segundo a distinta máxima de nosso autor, "ensinar não é transferir conhecimento, mas criar as possibilidades para a sua produção ou a sua construção" (p. 24). Ademais, "ensinar não é transferir conhecimentos, conteúdos, nem formar é ação pela qual um sujeito criador dá forma, estilo ou alma a um corpo indeciso e acomodado" (p. 25).

A educação é uma relação social de construção do conhecimento. "Não há inteligibilidade que não seja comunicação e intercomunicação e que não se funde na dialogicidade. O pensar certo, por isso, é dialógico" (p. 39). Ora, não existe docência sem discência (cf. p. 25). A(o) estudante, então, não pode ser interpretada(o) como algo de menos valia. Apesar das diferenças entre educadores(as) e educandos(as)[55], eles(as) não se constituem, respectivamente, como sujeito e objeto, como protagonista e coadjuvante do processo educativo. Isso posto, a educação freiriana é sempre dialógica e horizontal.

Freire, portanto, no horizonte de sua pedagogia da(o) oprimida(o), reafirma o necessário respeito ao senso comum do(a) estudante[56], isto é, ao "saber de pura experiência feito" (p. 30). Ora, essa postura não implica a negação de estímulo à capacidade crítica do(a) educando(a). O que nosso autor destaca é o respeito à curiosidade ingênua, ao saber ainda que metodologicamente sem rigor, não como saber último, mas como ponto de partida para sua própria

---

55. "Como professor, se minha opção é progressista e venho sendo coerente com ela, se não posso me permitir a ingenuidade de pensar-me igual ao educando, de desconhecer a especificidade da tarefa do professor, não posso, por outro lado, negar que o meu papel fundamental é contribuir positivamente para que o educando vá sendo o artífice de sua formação com a ajuda necessária do educador" (p. 68).

56. "Respeitar a 'leitura de mundo' do educando, saber escutá-lo, não significa, já deixei isto claro, concordar com ela, a leitura de mundo, ou a ela se acomodar, assumindo-a como sua. Respeitar a leitura de mundo do educando não é também um jogo tático com que o educador ou educadora procura tornar-se simpático ao educando. É a maneira correta que tem o educador de, com o educando e não sobre ele, tentar a superação de uma maneira mais ingênua por outra mais crítica de inteligir o mundo" (p. 120).

superação. Assumido esse fato, o objetivo fundamental é que a(o) educanda(o) possa realizar uma passagem da ingenuidade para a criticidade ou, nos termos freirianos, da curiosidade ingênua para uma curiosidade epistemológica. Conforme Freire, "a superação e não ruptura se dá na medida em que a curiosidade ingênua, sem deixar de ser curiosidade, pelo contrário, continuando a ser curiosidade, se criticiza" (p. 32).

Destacamos, assim, outro aspecto deveras significativo da antropologia filosófica em nosso autor: a curiosidade humana. Nesse sentido, postula Freire:

> Como manifestação presente à experiência vital a curiosidade humana vem sendo histórica e socialmente construída e reconstruída. Precisamente porque a promoção da ingenuidade para criticidade não se dá automaticamente, uma das tarefas precípuas da prática educativo-progressista é exatamente o desenvolvimento da curiosidade crítica, insatisfeita, indócil. Curiosidade com que podemos nos defender de "irracionalismos" decorrentes do ou produzidos por certo excesso de "racionalidade" de nosso tempo altamente tecnologizado" (p. 33-34).

Nesse excerto, Freire não procurou negar o conhecimento científico, visto que reconhece que "não há ensino sem pesquisa e pesquisa sem ensino" (p. 30), nem sequer marcar uma negação das experiências tecnológicas, especialmente daquelas aplicadas à educação. Com efeito, ele mesmo afirma: "divinizar ou diabolizar a tecnologia ou a ciência é uma forma altamente negativa e perigosa de pensar errado" (p. 35)[57]. A ênfase aqui se dá no horizonte do desenvolvimento do pensamento crítico, da curiosidade epistemológica que se furta de tornar-se dócil e subserviente. Esse, portanto, é o ponto em questão.

Com efeito, a postura do(a) docente não pode ser diferente do acolhimento da curiosidade, da inquietação, da dúvida, nem se distinguir do incentivo à capacidade de interpelação dos educandos e educandas: "quando entro em uma sala de aula devo estar sendo um ser aberto à indagação, à curiosidade, às perguntas dos alunos, a suas inibições; um ser crítico e inquiridor, inquieto em face da tarefa que tenho – a de ensinar e não a de transferir conhecimento" (p. 46).

---

57. A crítica freiriana se dá prioritariamente no seguinte cenário: "o progresso científico e tecnológico que não responde fundamentalmente aos interesses humanos, às necessidades da nossa existência, perdem, para mim, sua significação" (p. 127).

O aprender é assumido por Freire como uma "aventura criadora", uma "aventura do espírito" (p. 68) humano, comprometida com a mudança, com a transformação da realidade, embora implicando, sim, certos riscos. Importa que, no processo educativo, docentes e discentes se assumam epistemologicamente curiosos, radicalmente abertos a um horizonte de possibilidades de criação e de recriação do mundo.

Aliás, as implicações políticas dessa abertura à curiosidade e à promoção da reflexão educacional crítica são diversas. Contudo, destacamos um aspecto mencionado por Freire que demonstra seu compromisso ético-político com uma educação que efetivamente contribui para o processo de libertação, opondo-se, assim, ao silenciamento promovido pela educação bancária: "não podemos, numa perspectiva democrática, transformar uma classe de alfabetização num espaço que se proíbe toda reflexão em torno da razão de ser dos fatos, nem tão pouco num comício libertador" (p. 81).

Na *Pedagogia da esperança*, Freire já apresentara severas críticas a quaisquer formas de autoritarismo e dogmatismo. Em seus próprios termos:

> Se, como afirmei antes, o discurso neoliberal não tem força para apagar

da história a existência das classes sociais, de um lado, e a luta entre elas, de outro, as posições dogmáticas e autoritárias, que caracterizaram o chamado "socialismo realista" e que se acham na base do discurso e da prática verticais da organização curricular não têm, hoje, como manter-se. Os neoliberais erram quando os criticam e os negam por serem ideológicos, numa época, segundo eles, em que as "ideologias morreram". Os discursos e as práticas dogmáticas da esquerda estão errados não porque são ideológicos, mas porque a sua é uma ideologia que concorre para a interdição da curiosidade dos homens e das mulheres e contribui para sua alienação (2016b, p. 161-162)[58].

Logo, destacamos aqui que o criticismo freiriano intenciona pavimentar a passagem da heteronomia para a autonomia. Ora, uma pedagogia autoritária e/ou paternalista, que se reduz, pois, à imposição dogmática de preceitos exter-

---

58. A presente referência situa-se em um contexto bem específico e peculiar. O quadro mais amplo desse excerto versa sobre uma crítica freiriana a uma compreensão pedagógica dogmática expressa por um educador da antiga Alemanha Oriental, durante uma visita de Paulo Freire ao país, nos anos 1970. Para uma compreensão mais ampla do problema, ver *Pedagogia da esperança* (p. 160-165).

nos – heteronomia, a qual acaba por frustrar o exercício da curiosidade, da autonomia e, consequentemente, fortalece a alienação das massas. Ademais, conforme Freire, o autoritarismo, assim como a própria licenciosidade, constitui uma forma de negação da vocação ontológica humana (cf. 2015b, p. 86).

Não obstante, o patrono da educação brasileira reconhece a complexidade do desenvolvimento da autonomia dos(as) educandos(as). Ele compreende que a autonomia se constrói na multiplicidade das decisões e experiências vividas. A autonomia, assim, "enquanto amadurecimento do ser para si, é processo, é vir a ser" (2015b, p. 105). Por conseguinte, por mais complicado que seja esse desenvolvimento, é dever ético docente o respeito à autonomia e ao desenvolvimento humano. Nas palavras de Freire: "o respeito à autonomia e à dignidade de cada um é um imperativo ético e não favor que podemos ou não conceder uns aos outros" (2015b, p. 21).

Nesse cenário, Freire adentra ainda mais os meandros da dimensão ética da educação. De acordo com ele:

> A raiz mais profunda da politicidade da educação se acha na educabilidade mesma do ser humano, que se funda

na sua natureza inacabada e da qual se tornou consciente. Inacabado e consciente de seu inacabamento, histórico, necessariamente o ser humano se faz um ser ético, um ser de opções, de decisão. Um ser ligado a interesses e em relação aos quais tanto pode manter-se fiel à eticidade quanto pode transgredi-la. É exatamente porque nos tornamos éticos que se criou para nós a probabilidade, como afirmei antes, de violar a ética (2015b, p. 108).

Nesse sentido, "mulheres e homens, seres histórico-sociais, nos tornamos capazes de comparar, de valorar, de intervir, de escolher, de decidir, de romper, por tudo isso, nos fizemos seres éticos" (2015b, p. 34). Considerando isso, a dimensão ética é inerente à prática docente. Ora, "se se respeita a natureza do ser humano, o ensino dos conteúdos não pode dar-se alheio à formação moral do educando. Educar é substantivamente formar" (2015b, p. 34-35).

O ideário crítico freiriano funda-se no compromisso ético com os esfarrapados e esfarrapadas do mundo. Compromisso esse em prol da dignidade humana e que deve ser compartilhado por educadores e educadoras, porquanto, na pedagogia freiriana, ética e política são indissociáveis do processo de formação humana.

Além disso, o debate ético e político da educação guarda vínculo estreito com outro elemento, a saber, a dimensão estética: "não há prática docente verdadeira que não seja ela mesma o ensaio estético e ético" (2015b, p. 46). Ora, a dimensão estética traz sérias implicações educacionais e, portanto, políticas; por conseguinte, não se dissocia da ética. Não sem razão, Freire, em seu *corpus* textual, acentua a dimensão estética da luta social. Reiteradamente, ele descreve a ação ética em uma perspectiva também estética. O agir eticamente no mundo, isto é, em prol da dignidade humana, da libertação das amarras das contradições da sociedade de classes, é interpretado em um horizonte de boniteza e formosura.

A dimensão educativa não pode perder seu horizonte estético. Por essa razão, a *Pedagogia da autonomia* nos interpela, nomeadamente, sobre o próprio caráter pedagógico da materialidade do espaço educacional (cf. 2015b, p. 45). A prática docente não prescinde de um olhar atento à realidade material nem da sensibilidade de se estar no mundo, com o mundo e com outrem. E justamente essa sensibilidade implica o desenvolvimento de uma consciência crítica em favor da vida e, portanto, em repúdio e recusa radical das políticas necrófilas.

Chegados ao término desta lição, vimos, em destaque, algumas provocações sobre a educação em perspectiva epistemológica, ética e estética, além das implicações políticas a partir da *Pedagogia da autonomia*. Desse modo, escolhemos encerrar a presente lição com uma citação, entre tantas, que, por distinta opção pedagógica e literária, resume uma das finalidades do ideário freiriano. Nas palavras do educador-filósofo: "há um século e meio, Marx e Engels gritavam em favor da união das classes trabalhadoras do mundo contra sua espoliação. Agora, necessária e urgente se fazem a união e a rebelião das gentes contra a ameaça que nos atinge, a da negação de nós mesmos com os seres humanos, submetidos à fereza da ética do mercado (cf. 2015b, p. 125).

Décima lição

A fé cristã e a libertação da classe oprimida

> *[...] assumo apaixonadamente, corporalmente, fisicamente, com todo o meu ser, uma postura cristã porque esta me parece, como dizem os chilenos, plenamente revolucionária, plenamente humanista, plenamente libertadora e, por isso mesmo, comprometida, utópica.*
> Paulo Freire

Cabe ressaltar que a presente lição visa a uma apresentação primeira das relações entre fé cristã e a pedagogia do(a) oprimido(a) em Paulo Freire[59]. Interessa-nos, assim, evidenciar as

---

59. Sugerimos, para uma introdução mais pormenorizada ao tema, três capítulos de duas obras que publicamos sobre Freire: o capítulo "Pedagogia do oprimido e teologia da li-

afinidades existentes entre elas, dado que, para além de mera crença pessoal, a fé cristã se faz vigorosamente presente na constituição do ideário freiriano.

Com efeito, gostaríamos de iniciar destacando aqui algumas declarações muito contundentes de Paulo Freire a esse respeito. Ele mesmo afirmou ser: "um 'enfeitiçado' pela teologia que marcou muitos aspectos de minha pedagogia" (2014c, p. 69). Ainda, noutro excerto, afirma: "assumo apaixonadamente, corporalmente, fisicamente, com todo o meu ser, uma postura cristã porque esta me parece, como dizem os chilenos, plenamente revolucionária, plenamente humanista, plenamente libertadora e, por isso mesmo, comprometida, utópica" (FREIRE *apud* TORRES, 2014, p. 229).

Outrossim, Freire fez também uma declaração muito contundente, que ora optamos por reproduzir. Nela, nosso autor demonstra a exis-

---

bertação", por Elio E. Gasda e Karen de Souza Colares, de *Pedagogia da resistência*: escritos a partir da vida e obra de Paulo Freire, e os seguintes capítulos de *Pedagogia do oprimido em perspectiva*: legado para uma educação humanizadora: i) "Exílio, humanidade e libertação: Pedagogia do oprimido, conexões teológicas", por Marcial Maçaneiro; e ii) "Pedagogia do(a) oprimido(a): a expressão do profetismo freiriano", de nossa autoria. Dessarte, nesta lição se relê cuidadosamente algumas considerações de nosso texto.

tência de uma profunda reciprocidade entre suas crenças religiosas e sua luta político-social:

> Eu me situo, primeiro, entre os que creem na transcendentalidade. Segundo, eu me situo entre aqueles que, crendo na transcendentalidade, não dicotomizam a transcendentalidade da mundanidade. Quer dizer, em primeiro lugar, até de um ponto de vista do próprio senso comum, eu não posso chegar lá, a não ser a partir de cá, e se cá, se aqui, é exatamente o ponto em que eu me acho para falar de lá, então, é daqui que eu parto, e não de lá. Eu respeito o direito que ele tem de dicotomizar, mas eu não aceito a dicotomia. Quer dizer, isso coloca então a questão da minha fé, da minha crença, que indiscutivelmente, interfere na minha forma de pensar o mundo (2021, p. 421)[60].

Na sequência da sua exposição, ele ainda nos relata:

> Quando muito moço, muito jovem, eu fui aos mangues do Recife, aos córregos do Recife, aos morros do Recife, às zonas rurais de Pernambuco trabalhar com os camponeses, com as

---

60. O presente excerto apresenta marcas próprias da oralidade.

camponesas, com os favelados. Eu confesso, sem nenhuma churumingas, eu confesso que fui até lá movido por uma certa lealdade ao Cristo de quem eu era mais ou menos camarada. Mas o que acontece, é quando eu chego lá, a realidade dura, do favelado, a realidade dura do camponês, a negação do seu ser como gente, a tendência àquela adaptação de que a gente falou antes, aquele estado quase inerte diante da negação da liberdade... Aquilo tudo me remeteu a Marx. Eu sempre digo, não foram os camponeses que disseram a mim: Paulo, tu já leste Marx? Não! De jeito nenhum! Eles não liam nem jornal. Foi a realidade deles que me remeteu a Marx, e eu fui a Marx. E aí é que os jornalistas europeus, em 70, não entenderam a minha afirmação: é que quanto mais eu li Marx, e tanto mais eu encontrei uma certa fundamentação objetiva para continuar camarada de Cristo. Então as leituras que eu fiz de Marx, de alongamentos de Marx, não me sugeriram jamais que eu deixasse de encontrar Cristo nas esquinas das próprias favelas (2021, p. 421-422).

Destituído, então, de quaisquer receios, Paulo Freire jamais hesitou em afirmar as relações fundamentais entre suas concepções teológicas e sua práxis político-pedagógica. Ao contrário, as passagens aqui aludidas expressam justamente a inegável dívida de Freire para com a inteligência da fé cristã na elaboração de uma pedagogia da(o) oprimida(o). No entanto, essa relação, ainda que substancial, não implica que a pedagogia do(a) oprimido(a) seja uma esfera de domínio religioso, de caráter único e exclusivamente cristão. O leitor e a leitora de suas obras não precisam assim, necessariamente, aceitar por completo as premissas teológico--cristãs para dar assentimento às reflexões freirianas. Porém, não poderão também negar a influência da teologia cristã nesse ideário crítico.

Em obra publicada na década de 1970, *Os cristãos e a libertação dos oprimidos*[61], a pedagogia do(a) oprimido(a) é pensada por Freire a partir de um determinado horizonte teológico da tradição judaico-cristã, mais especificamente do evento pascal, interpretado pelo nosso autor como práxis histórica de libertação frente

---

61. Embora o título desta nossa lição seja uma apropriação do título da referida obra, não pretendemos esgotá-la. Nosso enfoque recai, em especial, sobre o caráter profético e sobre a alusão ao evento pascal em *Os cristãos e a libertação dos oprimidos*, em que outros temas teológicos e pedagógicos de relevância são igualmente desenvolvidos. Sugerimos, assim, uma leitura atenta e cuidadosa dessa intrigante publicação de Paulo Freire.

à opressão, à desumanização e à coisificação de outrem.

Na perspectiva da fé judaico-cristã, a Páscoa é um evento salvífico que se realiza na história do povo escravizado e sofredor. Na narrativa bíblica do Êxodo, institui-se um significativo testemunho de fé, um anúncio de libertação com inegável caráter social, político e econômico, que se tornou fundamental para a tradição do profetismo bíblico. A narrativa em questão testemunha de um Deus misericordioso, sempre atento e solícito ao clamor do povo oprimido. Paulo Freire destaca, assim, que a rememoração e a atualização da Travessia se constituem na união com os(as) esfarrapados(as), na escuta atenta aos seus clamores, na comunhão com seus sofrimentos e dores, com seus dilemas e com sua luta histórica por libertação (cf. 1978, p. 14).

Isso posto, a despeito das especificidades de seu ideário crítico-filosófico, Paulo Freire assume um pressuposto capital dos profetas bíblicos, qual seja, a crença em um Deus que se revelou sensível ao sofrimento das(os) oprimidas(os). Logo, a denúncia contra a desumanização e a vil opressão assume caráter de necessidade. Se, no profetismo bíblico, é inadmissível uma religiosidade desvinculada de justiça social, semelhantemente, na pedagogia do(a) oprimido(a), a legitimação religiosa do estado de opressão se configura como resultado de uma visão distorcida e equivocada de Deus.

A Páscoa, ou Travessia, constitui-se, nesse horizonte, como uma árdua luta por rompimento do cativeiro de servidão e de ignomínia, das amarras totalizantes da opressão capitalista. A Páscoa, portanto, vem a ser transformação radical da realidade de sofrimento e escravidão. Dessarte, diz-nos Freire: "não posso fazer da Travessia um meio para possuir o mundo, porque a Travessia é uma forma de o transformar irredutivelmente"(1978, p. 14). A rememoração do evento pascal se faz, portanto, necessária ainda hoje, pois "a liberdade, que é uma conquista, e não uma doação, exige uma permanente busca" (FREIRE, P., 2016c, p. 68).

Em *Pedagogia do oprimido*, ele afirmou que "a educação problematizadora, que não é fixismo reacionário, é futuridade revolucionária. Daí que seja profética e, como tal, esperançosa" (p. 127). Ora, em diversas reflexões, Freire enfatizou o "sentido profético e esperançoso da educação (ou ação cultural) problematizadora" (2016c, p. 127):

> Profetismo e esperança que resultam do caráter utópico de tal forma de ação, tomando-se a utopia como unidade inquebrantável entre a denúncia

> e o anúncio. Denúncia de uma reali-
> dade desumanizante e anúncio de uma
> realidade em que os homens possam
> ser mais. Anúncio e denúncia não são,
> porém, palavras vazias, mas compro-
> misso histórico (2016c, p. 127).

Nessa obra, Freire retomou e ressignificou as chamadas virtudes teologais, a saber, a fé, a esperança e o amor, na perspectiva da luta de classes. *A priori*, não se pensa a fé, nesse cenário, nos termos teológicos tradicionais, seja na forma específica dos conteúdos teológicos (*fides quae*), seja na própria atitude subjetiva do ato de crer em Deus (*fides qua*). A ênfase freiriana na fé se dá, de modo *sui generis*, no horizonte da necessária confiança na classe oprimida, exigência essa imprescindível para a própria revolução. Caso se negue essa fé no(a) oprimido(a), em sua capacidade de refletir criticamente e de transformar a realidade, encerra-se, pois, a possibilidade mesma do diálogo (cf. 2016c, p. 89). E, nesse sentido, de acordo com o ideário freiriano, "a ação política junto aos oprimidos tem de ser, no fundo, 'ação cultural', para a liberdade, por isto mesmo, ação com eles" (2016c, p. 97), não em nome deles(as).

Semelhantemente, a dimensão da esperança consiste em postulado inegociável em Paulo

Freire. Com efeito, o caráter profético da pedagogia do(a) oprimido(a) assume radical oposição a qualquer escatologia determinista ou fatalista que, de um modo ou de outro, se imponha como anunciação de um destino inevitável, negando a necessidade da luta no momento presente:

> [...] se levarmos às últimas consequências a compreensão da história enquanto "fatalismo libertador", prescindiremos da luta, do empenho para a criação do socialismo democrático, enquanto empreitada histórica. Somem, assim, a ética da luta e a boniteza da briga (2016c, p. 71).

O profetismo freiriano é irredutível às interpretações apáticas dos dilemas da história humana. A utopia freiriana[62] encontra-se, assim,

---

62. "Para mim, a utopia não consiste no irrealizável, nem é idealismo, mas, sim, a dialetização dos atos de denunciar e anunciar, os atos de denunciar a estrutura desumanizante e de anunciar a estrutura humanizante. Por essa razão, a utopia também é engajamento histórico" (FREIRE, P., 2016a, p. 58). Ademais, "a conscientização está evidentemente ligada à utopia, de modo que implica a utopia. Quanto mais conscientizados somos, sobretudo pelo engajamento de transformações que assumimos, mais anunciadores e denunciadores nos tornamos. Mas essa posição deve ser permanente: a partir do momento em que denunciamos uma estrutura desumanizadora, sem nos engajar na realidade, a partir do momento em que alcançamos a conscientização do projeto, acabamos por

profundamente destituída de qualquer disposição conformista e irresoluta. Antes, ela se orienta por uma lucidez que reconhece que a libertação dos(as) oprimidos(as) não é, em si mesma, uma finalidade histórica inexorável, no sentido de uma sorte inevitável[63].

Freire nega, portanto, quaisquer expectativas escatológicas que porventura se detenham na mais ingênua espera passiva, pois, segundo ele, "minha espera só é válida se busco e luto com esperança" (2014c, p. 68). O profetismo

---

nos burocratizar se deixamos de ser utopistas. É esse o perigo das revoluções, quando cessam de ser permanentes. Uma das respostas geniais é da renovação cultural: esta dialetização que não é – propriamente falando – de ontem, nem de hoje ou de amanhã, mas uma tarefa permanente de transformação" (FREIRE, P., 2016a, p. 59-60).

63. Oportunamente, enfatizamos um excerto já apresentado: "A minha raiva, minha justa ira, se funda na minha revolta em face da negação do direito de 'ser mais' inscrito na natureza dos seres humanos. Não posso, por isso, cruzar os braços fatalisticamente diante da miséria, esvaziando, desta maneira, minha responsabilidade no discurso cínico e 'morno', que fala da impossibilidade de mudar porque a realidade é mesmo assim. O discurso da acomodação ou de sua defesa, o discurso da exaltação do silêncio imposto de que resulta a imobilidade dos silenciados, o discurso do elogio da adaptação tomada como fado ou sina é um discurso negador da humanização de cuja responsabilidade não podemos nos eximir. A adaptação a situações negadoras da humanização só pode ser aceita como consequência da experiência dominadora, ou como exercício de resistência, como tática na luta política" (FREIRE, P., 2015b, p. 73-74).

freiriano considera que, sem a dialética inquietude-paz, denúncia-anúncio, compreendida na dimensão da ação-reflexão, não há esperança e, por seu turno, não havendo esperança, os seres humanos perdem sua própria direção no mundo (cf. 2014c, p. 69).

Com efeito, a esperança se faz vívida no convite em direção à senda da luta histórica pela humanização, do comprometimento concreto com o drama existencial dos seres humanos que se encontram em opressão, contrariando, assim, a mera abstração alienada e alienante que se contenta com a estabilidade, com a manutenção do *status quo* (cf. FREIRE, P., 1978, p. 21). Nesse sentido, a esperança vivenciada a partir da práxis se impõe como exigência existencial, política e religiosa:

> Uma teologia em que a esperança fosse uma espera sem busca seria profundamente alienante porque estaria considerando o homem como alguém que tenha renunciado a sua práxis no mundo; negaria o homem como ser de transformação e negaria ainda a própria salvação como busca na conversão. A salvação deve ser trabalhada para ser esperada. A esperança de caráter fatalista, em que nada faço no mundo exceto esperar que o que existe além dele seja puro,

justo e bom, leva-nos a uma espera inativa e, por isso mesmo falsa. Esta espera nos leva à acomodação, ao *status* quo e encerra um equívoco fatal: a dicotomia absurda entre mundanidade e transcendência. Dessa forma, faço-me cúmplice da injustiça, do desamor, da exploração dos homens no mundo e nego o próprio ato de amor que Deus Absoluto limita-se a si mesmo (e somente Ele poderia limitar a Si Próprio) ao valorizar os homens, ainda que limitados, inconclusos, inacabados, como seres de decisão, coparticipantes de Sua obra criadora (FREIRE, P., 2014c, p. 68).

Dessarte, resta-nos agora enfatizar o último elemento das chamadas virtudes teologais, a saber, o amor. Falando sobre si próprio, Freire declarou em uma entrevista que "gostaria de ser lembrado como um sujeito que amou profundamente o mundo e as pessoas, os bichos, as árvores, as águas, a vida"[64]. Essa afirmação precisa, contudo, ser compreendida no seio de seu ideário crítico-filosófico. A amorosidade em Freire exprime um conceito fundamental. Ela se manifesta

---

64. Esse excerto consiste em uma transcrição que fiz a partir de entrevista de Paulo Freire concedida à TV PUC-SP (ver PAULO..., 1997).

em uma relação sensível e afetuosa marcada, necessariamente, pela concretude do compromisso com outrem. Comprometimento esse radical, de luta social em prol da dignidade humana.

A pedagogia da(o) oprimida(o) propõe, assim, um caminho de compromisso que nega veementemente a cultura do silenciamento de outrem. Visto que "existir, humanamente, é pronunciar o mundo, é modificá-lo, o mundo pronunciado se volta problematizado, por sua vez, aos sujeitos pronunciantes, a exigir deles novo pronunciar. Não é no silêncio que os homens se fazem, mas na palavra, no trabalho, na ação-reflexão" (FREIRE, P., 2016c, p. 134).

Consequentemente, a pedagogia da(o) oprimida(o) está sempre direcionada à vivência dialógica. E, nesse sentido, assegura Freire:

> Não há diálogo, porém, se não há um profundo amor ao mundo e aos homens. Não é possível a pronúncia do mundo, que é um ato de criação e recriação, se não há amor que a infunda. Sendo fundamento do diálogo, o amor é, também, diálogo. Daí que seja essencialmente tarefa de sujeitos e que não possa verificar-se na relação de dominação. Nesta, o que há é patologia de amor: sadismo em quem domina; masoquismo nos dominados. Amor, não, porque é um ato de coragem, nunca de

> medo, o amor é compromisso com os homens. Onde quer que estejam estes, oprimidos, o ato de amor está em comprometer-se com sua causa. A causa de sua libertação. Mas, este compromisso, porque é amoroso, é dialógico. Como ato de valentia, não pode ser piegas; como ato de liberdade, não pode ser pretexto para a manipulação, senão gerador de outros atos de liberdade. A não ser assim, não é amor. Somente com a supressão da situação opressora é possível restaurar o amor que nela estava proibido (2016c, p. 137-139).

Encerramos, portanto, a presente lição com uma referência a "*Pedagogia da resistência*: escritos a partir da vida e obra de Paulo Freire", em que postulamos que a pedagogia do(a) oprimido(a) propõe essencialmente a efetivação de uma "educação fundada na **prática do amor**, que, todavia, não se furta da revolta contra a desumanização; na **esperança utópica**, que não se acomoda na espera passiva, mas que se figura, assim, ativamente comprometida com a luta histórica, e na **fé na classe oprimida** em razão de sua vocação ontológica de ser mais" (CHACON, 2021, p. 116, grifos do autor).

Reflexão final

Miguel Arroyo

Lições tantas, tão radicais, da formação pessoal, educacional, ética, pedagógica de Paulo Freire, que Daniel Chacon capta, afirma e reafirma. Lições sobre Freire, lições de vivências feitas, de aprendizados feitos em diálogo com os(as) esfarrapados(as) do mundo, que sofrem e, sobretudo, que lutam por libertação da ordem injusta, opressora. Que aprendizados nos provocam a leitura destas *10 Lições sobre Paulo Freire*?

Um educador em diálogo com seu tempo social, político e pedagógico. As *10 Lições sobre Paulo Freire* retratam aprendizados de vivência feitos no seu tempo social, político, cultural, pedagógico. Paulo Freire esteve sempre atento às lições das vivências de cada tempo humano, nas tensões políticas de cada tempo social. Daniel Chacon nos lembra que Freire, desde sua tenra idade, já aprendia que o mundo deveria ser mudado, que havia algo no mundo que não poderia ou não deveria continuar.

Paulo Freire, atento a seu tempo, deixou-se interrogar por ele, pelas tensões políticas, sociais, humanas e, sobretudo, inumanas – lições aprendidas com sua sensibilidade interrogante, inconformada com a realidade social, política, histórica injusta e imoral de seu tempo. Freire testemunhou indignado as injustiças do seu tempo.

Lições políticas, éticas, pedagógicas sobre nos mantermos em diálogo com o nosso tempo, vendo e ouvindo as indagações que vêm da especificidade de cada tempo econômico, político, ético, humano, pedagógico, mas sobretudo inumano, antiético e antipedagógico. Em cada tempo político, social e, sobretudo, inumano, as lições sociais, éticas, pedagógicas adquirem novos significados, novas interpelações, exigindo novas respostas éticas, políticas, pedagógicas.

Paulo Freire, com tantas e tantos educadores e educadoras que se deixam interrogar por seu tempo, provoca-nos, tal como Eric Hobsbawm no seu livro *Tempos interessantes*: uma vida no século XX: "observei e ouvi, buscando entender a história de meu próprio tempo... Não nos desarmemos, mesmo em tempos insatisfatórios. A injustiça social ainda precisa ser denunciada e combatida. O mundo não vai melhorar sozinho" (2002 *apud* ARROYO, 2015, p. 16).

Um educador em diálogo com os(as) oprimidos(as) do seu tempo, de todos os tempos. Paulo Freire nos deixou uma lição radical; no olhar do seu tempo, priorizou o olhar dos sujeitos, dos coletivos humanos do seu tempo, dos(as) invisibilizados(as) pelos olhares dos poderes, mas que se mostram e se fazem visíveis, interrogantes. Apreende, assim, as interpelações políticas, éticas, pedagógicas que vêm das(os) oprimidas(os) do seu tempo e de todos os tempos.

Freire reconhece os(as) outros(as) – suas diferenças sociais, raciais, étnicas – oprimidos como sujeitos das lições pedagógicas, políticas, éticas; sujeitos de pedagogias dos(as) oprimidos(as).

Para ele, as vivências históricas das injustiças imorais e opressoras têm sido as matrizes pedagógicas históricas por excelência e por persistência. São lições centrais, radicais de Paulo Freire: aprender, com as vivências das opressões dos oprimidos e oprimidas, que as desumanizações persistem em ser realidade histórica, persistem em ser a matriz histórica mais radical das lições políticas, éticas, pedagógicas da desumanização humana, mas também de resistências por humanização. Desumanização, consciência, resistência, humanização como dialética permanente na história.

Pedagogias dos(as) oprimidos(as), deles e delas, não de "Nós" mesmos, nem de Paulo Freire para eles(as), como se decretados(as) deficientes em moralidade, racionalidade, consciência, humanidade; antes, pedagogias praticadas, produzidas pelos(as) oprimidos(as) conscientes das opressões que sofrem. Não lições de pedagogias de "Nós", mas aprendidas com eles e elas, reconhecendo-os(as) sujeitos de lições pedagógicas outras, de outra humanização.

Freire aprende dos(as) e com os(as) oprimidos(as) a repensar as construções teóricas, conceituais, filosóficas, antropológicas e até pedagógicas de "Nós" para educar, humanizar, os(as) decretados(as) deficientes em moralidade, racionalidade e humanidade. Em diálogo com os(as) oprimidos(as) de seu tempo, o educador os(as) reconhece sujeitos de outras concepções, de outras teorias pedagógicas, de outras vivências feitas.

Paulo Freire aprende com as(os) oprimidas(os) que se interrogam sobre as vivências das opressões injustas que sofrem. Daniel Chacon destaca, como uma das lições de Paulo Freire, a importância da leitura do mundo, que Freire aprendeu dos(as) oprimidos(as), leitores(as) do mundo, de seu próprio mundo tão imundo, tão injusto, tão inumano. Uma lição constante e central em Paulo Freire é reconhecer que os(as) oprimidos(as), diante da injusta dramaticidade das injustiças que sofrem, se fazem problema a eles(as) mesmos(as), tomam consciência, indagam-se, respondem, e suas respostas os(as) levam a novas perguntas.

Freire não vê as(os) oprimidas(os), os(as) esfarrapados(as) do mundo, que sofrem as desumanizações como realidade cruel, históricas e injustas, como acomodados(as), inconscientes, conformados(as), à espera de pedagogias de conscientização crítica. Reconhecer a classe oprimida interrogando a si própria sobre as vivências das opressões que sofre muda os parâmetros dos diversos humanismos pedagógicos que se legitimam em educar, conscientizar, humanizar os(as) outros(as) decretados em estados de natureza, de inconsciência, de inumanidade, à espera das pedagogias de "Nós", conscientes, racionais, críticos, humanos.

Paulo Freire, como outro paradigma pedagógico, se contrapõe ao paradigma pedagógico hegemônico e reconhece os(as) oprimidos(as) em permanente estado de interrogação, conscientes da dramaticidade das injustiças, das estruturas políticas, econômicas, da ordem injusta que gera a violência dos(as) opressores(as). Uma lição nuclear: reconhecer os(as) oprimidos como interrogantes e resistentes.

Paulo Freire aprende que, para os(as) oprimidos(as) o problema central, ineludível, é o da humanização. Os(as) oprimidos(as), vivendo a desumanização não apenas como viabilidade ontológica, mas como realidade histórica, resistem e, sobretudo a partir dessa dolorosa constatação das vivências da desumanização, se perguntam sobre outra viabilidade – a de sua humanização. Freire nos lembra, na obra *Pedagogia do oprimido*, que: "quem, melhor que os oprimidos, se encontrará preparado para entender o significado terrível de uma sociedade opressora? Quem sentirá, melhor que eles, os efeitos da opressão? Quem, mais que eles, para ir compreendendo a necessidade da libertação?" (FREIRE, 2016C, p. 65). Desse modo, quem, mais que eles e elas, para ir compreendendo os anseios de liberdade, de justiça, de luta pela recuperação de sua própria humanidade roubada? Essa é outra lição nuclear que Paulo Freire aprende dos(as) oprimidos(as).

Vale destacar outro paradigma pedagógico que Freire aprende dos(as) oprimidos(as), a saber, lições de outro humanismo com eles(as) aprendidas: não há como entender a dialética pedagógica dos processos, dos percursos da humanização, sem reconhecer, sem entender os cruéis e persistentes processos de desumanização impostos como realidade histórica.

Na História, para os(as) oprimidos(as), tem sido central o problema de sua humanização, porque as desumanizações sofridas, impostas pela "ordem" injusta das violências dos(as) opressores(as), persistem em ser uma realidade histórica. Freire aprende a lição: os humanismos pedagógicos não entenderam os processos de humanização como sua função histórica sem dar toda a centralidade ao entendimento, ao reconhecimento das desumanizações como realidade histórica, sofridas por milhões de humanos desde a infância à vida adulta.

Paulo Freire reconhece que a tarefa humanista histórica dos(as) oprimidos(as) é libertar-se das opressões afirmando a própria humanidade. Na história dos humanismos pedagógicos os(as) oprimidos(as) têm sido pensados e tratados como destinatários da tarefa humanista, educadora, moralizadora, humanizadora do "Nós" conscientes, racionais, humanos. Freire aprende dos(as) oprimidos(as) a descontruir esses paradigmas pedagógicos, até antropológicos, que se autodeclaram humanistas, humanizantes dos(as) outros(as) decretados(as) com deficiências originárias de sua humanidade.

Freire aprende a reconhecer os(as) outros(as), os(as) oprimidos(as), os(as) decretados(as) com deficiência de humanidade, sujeitos da tarefa humanista histórica de libertar-se das opressões, de lutar por humanidade, de recuperar sua humanidade que, para Freire, é uma outra forma de recriá-la. Seria essa a lição radical dos(as) oprimidos(as) aprendida por Paulo Freire? Reconhecer a tarefa humanista histórica dos(as) oprimidos(as), libertando-se dos opressores(as), até libertando-se dos paradigmas pedagógicos duais, abissais, sacrificiais que persistem em roubar suas humanidades para prometer-lhes serem humanizados pelo "Nós" humanos, conscientes.

Paulo Freire reafirma as resistências dos(as) oprimidos(as) como matrizes de humanização. Lembramos que Paulo Freire reafirma com os(as) oprimidos(as) uma outra dialética pedagógica: desumanização-consciência-resistência-humanização. Que lição aprender dos(as) oprimidos(as) resistentes às desumanizações? O reconhecimento das resistências como matrizes históricas persistentes de afirmação-formação humana. Daniel Chacon, nesta obra sobre Paulo

162

Freire, destaca uma constante: Freire reconhece que os(as) oprimidos(as) sofrem as injustiças da sociedade opressora, da "ordem" injusta, das violências dos(as) opressores(as). Nessas vivências históricas persistentes nos(as) oprimidos, Freire descobre as resistências persistentes por libertação e enfatiza que os(as) oprimidos(as), vivenciando-se roubados(as) de sua humanidade, resistem no anseio de liberdade, de justiça, de luta por recuperação de sua humanidade.

Todos os escritos de Paulo Freire carregam, desde o título, o reconhecer das resistências por libertação como matrizes de humanização. Educação como prática da libertação resistente. Seria essa a lição aprendida das persistentes resistências dos(as) oprimidos(as) por libertação? Das resistências dos oprimidos e oprimidas vêm as lições, as interpelações mais pedagógicas, mais éticas, mais políticas, pois, se as vivências das opressões têm sido na história a matriz mais desumanizante, as vivências das resistências por libertação dos(as) oprimidos(as) têm sido a matriz mais humanizante da história. Seria essa a lição mais radical, ética, política e pedagógica que Paulo Freire aprende dos(as) oprimidos(as)? Lições de resistências que Freire já destacava no seu tempo nas ligas camponesas, no sindicalismo agrário e nos movimentos de rebelião, sobretudo de jovens. São lições de resistências repostas, com nova radicalidade política, em nossos tempos, por movimentos sociais educadores.

Reconhecer as resistências por libertação das desumanizações seria a síntese das lições que Paulo Freire destaca na *Pedagogia do oprimido*? Não há dúvidas de que a pedagogia aqui proposta consiste, pois, em uma história das resistências humanas em que os humanos resistentes se afirmam e se fazem humanos.

Bibliografia

Básica

FREIRE, P. (2021). Cristo, meu camarada. *In*: CHACON, D. R. de A. (org.). *Pedagogia da resistência*: escritos a partir da vida e obra de Paulo Freire. Petrópolis: Vozes. p. 420-421.

FREIRE, P. (2020). *Extensão ou comunicação?* 22. ed. Rio de Janeiro: Paz & Terra.

FREIRE, P. (2019). *Cartas a Cristina*: reflexões sobre minha vida e minha práxis. 3. ed. São Paulo/Rio de Janeiro: Paz e Terra.

FREIRE, P. (2018). *Pedagogia da tolerância*. 6. ed. Rio de Janeiro/São Paulo: Paz e Terra.

FREIRE, P. (2017). *A importância do ato de ler*: em três artigos que se completam. 51. ed. Porto Alegre: Cortez.

FREIRE, P. (2016a). *Conscientização*. Trad. Tiago José Risi Leme. São Paulo: Cortez.

FREIRE, P. (2016b). *Pedagogia da esperança*: um reencontro com a Pedagogia do oprimido. 23. ed. Rio de Janeiro/São Paulo: Paz e Terra.

FREIRE, P. (2016c). *Pedagogia do oprimido*. 60. ed. Rio de Janeiro/São Paulo: Paz e Terra.

FREIRE, P. (2015a). *Ação cultural para a liberdade e outros escritos*. 15. ed. Rio de Janeiro/São Paulo: Paz & Terra.

FREIRE, P. (2015b). *Pedagogia da autonomia*: saberes necessários à prática educativa. 51. ed. Rio de Janeiro/São Paulo: Paz e Terra.

FREIRE, P. (2014a). *Educação e mudança*. 36. ed. Rio de Janeiro/São Paulo: Paz & Terra.

FREIRE, P. (2014b). *Educação como prática da liberdade*. 38. ed. São Paulo: Paz e Terra.

FREIRE, P. (2014c). Terceiro mundo e teologia: carta a um jovem teólogo. *In*: TORRES, Carlos Alberto. *Diálogo e práxis educativa*: uma leitura crítica de Paulo Freire. Trad. Mônica Mattar Oliva. São Paulo: Loyola. p. 67-71.

FREIRE, P. (2011). *Cartas à Guiné-Bissau*: registros de uma experiência em processo. 5. ed. São Paulo: Paz e Terra.

FREIRE, P. (2001). Carta de Paulo Freire aos professores. Ensinar, aprender: leitura do mundo, leitura da palavra. *Estudos Avançados*, vol. 15, n. 42, p. 259-268.

FREIRE, P. (1978). *Os cristãos e a libertação dos oprimidos*. Lisboa/Porto: Base.

FREIRE, P.; FAUNDEZ, A. (2019). *Por uma pedagogia da pergunta*. 10. ed. São Paulo: Paz e Terra.

FREIRE, P.; GUIMARÃES, S. (2011a). *A África ensinando a gente*: Angola, Guiné-Bissau, São Tomé e Príncipe. 2. ed. São Paulo: Paz e Terra.

FREIRE, P.; GUIMARÃES, S. (2011b). *Aprendendo com a própria história.* São Paulo: Paz e Terra.

FREIRE, P.; MACEDO, D. (1990). *Alfabetização*: leitura do mundo, leitura da palavra. Rio de Janeiro: Paz e Terra.

FREIRE, P.; SHOR, I. (1987). *Medo e ousadia*: o cotidiano do professor. Rio de Janeiro: Paz e Terra.

Complementar

ARROYO, M. (2015) O direito à educação e a nova segregação social e racial: tempos insatisfatórios? *Educação em Revista*, vol. 31, n. 3, p. 15-47.

BEISIEGEL, C. de R. (2004). *Estado & educação popular*: um estudo sobre a educação de adultos. Brasília: Liber Livro.

BRANDÃO, C. B. (2003). *O que é método Paulo Freire*. 24 ed. São Paulo: Brasiliense.

CABRAL, A. (1974). *Guiné-Bissau*: nação africana forjada na luta. Lisboa: Nova Aurora.

CHACON, D. R. A. (2018). Pedagogia do(a) oprimido(a): a expressão do profetismo freiriano. *In*: CHACON, D. R. de A. (org.). *Pedagogia do oprimido em perspectiva*: legado para uma educação humanizadora. Curitiba: CRV. p. 21-32.

CHACON, D. R. A. (2021). Filosofia e educação: o ideário humanista em Paulo Freire. *In*: CHACON, D. R. de A. (org.). *Pedagogia da resistência*: escritos a partir da vida e obra de Paulo Freire. Petrópolis: Vozes. p. 102-117.

CHACON, D. R. A; ALMEIDA, F. S. (2021). Filosofia e educação: liberdade, alteridade e inconclusão em Paul Ricoeur e Paulo Freire. *SCIAS – Direitos Humanos e Educação*, vol. 4, n. 2, p. 26-43.

CHACON. D. R. A. (2018). Educação a partir da sapiência dos oprimidos (Recensão Crítica). *Filosofia & educação*, v. 10, p. 233-242.

ESCOBAR, S. (1993). *Paulo Freire*: una pedagogia latinoamericana. México: Centro de Comunicación Cultural CUPSA; Editorial Kyrios.

FEITOSA, S. C. S. (1999). *Método Paulo Freire*: princípios e práticas de uma concepção popular de educação. 156 f. Dissertação (Mestrado em Educação) – Universidade de São Paulo, São Paulo.

FIORI, E. M. (1992). Conscientização e educação. *In*: FIORI, E. M. *Textos escolhidos*. Porto Alegre: L&PM. p. 65-82. vol. 2.

FREI BETTO. (2008). Uma revolução copernicana em matéria educativa. *In*: GADOTTI, M. (org.). *40 olhares sobre os 40 anos da Pedagogia do oprimido*. São Paulo: Instituto Paulo Freire. p. 38-39.

FREIRE, A. M. A. (2017a). *Paulo Freire*: uma história de vida. 2. ed. Rio de Janeiro/São Paulo: Paz e Terra.

FREIRE, A. M. A. (2017b). A pedagogia do(a) oprimido(a) como parte da "pedagogia do(a) oprimido(a)" de Paulo Freire. *In*: FREIRE, A. M. A. (org.). *Pedagogia da libertação em Paulo Freire*. Rio de Janeiro/São Paulo: Paz & Terra. p. 27-35.

GADOTTI, M. (1991). *Convite à leitura de Paulo Freire*. 2. ed. São Paulo: Scipione.

GASDA, E. E.; COLARES, K. (2021). Pedagogia do oprimido e teologia da libertação. *In*: CHACON, D. R. de A. (org.). *Pedagogia da resistência*: escritos a partir da vida e obra de Paulo Freire. Petrópolis: Vozes. p. 169-192.

HEIDEGGER, M. (1991). *Carta sobre o humanismo*. São Paulo: Moraes, 1991.

MAÇANEIRO, M. (2018). Exílio, humanidade e libertação: Pedagogia do oprimido, conexões teológicas. *In*: CHACON, D. R. de A. (org.). *Pedagogia do oprimido em perspectiva*: legado para uma educação humanizadora. Curitiba: CRV. p. 113-130.

ROMÃO, J. E; GADOTTI, M. (2012). *Paulo Freire e Amílcar Cabral*: a descolonização das mentes. São Paulo: Instituto Paulo Freire.

SCOCUGLIA, A. C. (1998). Paulo Freire e a CEPLAR da Paraíba, antes de Angicos. *In*: Encontro Internacional do Fórum Paulo Freire, 1, São Paulo. *Caderno de Resumos* [...]. São Paulo: Instituto Paulo Freire.

SUNG, J. M. (2010). Liberdade. *In*: STRECK, D. R.; REDIN, E.; ZITKOSKI, J. J. (org.). *Dicionário Paulo Freire*. 2. ed. revista e ampliada. Belo Horizonte: Autêntica. p. 288-290.

TORRES, C. A. (2014). *Diálogo e práxis educativa*: uma leitura crítica de Paulo Freire. Trad. Mônica Mattar Oliva. São Paulo: Loyola.

VASCONCELOS, M. L. M. C.; BRITO, R. H. P. de. (2006). *Conceitos de educação em*

Paulo Freire. Petrópolis: Vozes; São Paulo: Mack Pesquisa.

VAZ, H. C. de L. (2010). *Antropologia filosófica*. 3. ed. São Paulo: Loyola. vol. 1.

Documentos e documentários

ARQUIDIOCESE DE SÃO PAULO (2019). *Brasil*: *nunca mais* – um relato para a história. 41. ed. Petrópolis: Vozes.

BRASIL. (2012) Lei n. 12.612.

DESINFORMADO (1987, 25 set.). *Folha de S.Paulo*. https://acervo.folha.com.br/leitor.do?numero=10001&anchor=4301942&origem=busca&originURL=&pd=317c514b52fb67ed222e330cbfd00fad.

FREIRE volta, para "reaprender o Brasil" (1979). *Folha de S.Paulo*. http://www.acervo.paulofreire.org/handle/7891/638.

PAULO Freire. (1997). Direção: Ligia Castanho. São Paulo: TV PUC-SP, 1997. https://www.youtube.com/watch?v=1ViM1oCPNoA.

PAULO Freire Contemporâneo: partes 1 e 2. (2007). Direção: Toni Venturi. Brasília: SEED/MEC; São Paulo: Olhar Imaginário. https://www.youtube.com/watch?v=WrUVnc7TPq8.

SOCIEDADE DE ESTUDOS E ATIVIDADES FILOSÓFICAS – Núcleo Regional de Mossoró (1981). *Método Paulo Freire*: Manual do monitor. *In*: Semana de Filosofia do Rio Grande do Norte, 2, Mossoró. 13 p. (Acervo pessoal do autor.)

Para ver outras obras da coleção
10 Lições
acesse

livrariavozes.com.br/colecoes/10-licoes

Leia também!

Conecte-se conosco:

f facebook.com/editoravozes

◯ @editoravozes

X @editora_vozes

▶ youtube.com/editoravozes

☺ +55 24 2233-9033

www.vozes.com.br

Conheça nossas lojas:

www.livrariavozes.com.br

Belo Horizonte – Brasília – Campinas – Cuiabá – Curitiba
Fortaleza – Juiz de Fora – Petrópolis – Recife – São Paulo

EDITORA VOZES LTDA.
Rua Frei Luís, 100 – Centro – Cep 25689-900 – Petrópolis, RJ
Tel.: (24) 2233-9000 – E-mail: vendas@vozes.com.br